Diogenes Taschenbuch 22826

de
te
be

Gott hat uns alle gratis erschaffen

Neue Schulaufsätze neapolitanischer Kinder

Herausgegeben von Marcello D'Orta

Aus dem Italienischen von Linde Birk

Diogenes

Titel der Originalausgabe:
›Dio ci ha creato gratis‹

Die deutsche Erstausgabe erschien 1993
im Diogenes Verlag
Umschlagzeichnung von
Philipp Keel

Veröffentlicht als Diogenes Taschenbuch, 1996

300/96/24/1
ISBN 3 257 22826 0

Vorwort

Ich bin immer ein Gegner von Fortsetzungen erfolgreicher Filme oder Bücher gewesen. Im besten Fall kommt dabei ein Abklatsch des Originals heraus, und irgendwie steckt auch immer Berechnung dahinter. Daher habe ich den Ratschlägen, Vorschlägen und sogar liebevollen moralischen Erpressungsversuchen all jener, die mich seit langem auffordern, dem Band *In Afrika ist immer August* eine weitere Folge hinterherzuschicken, beharrlich widerstanden, wobei mir diese Flut wohlmeinender Überzeugungsversuche allerdings manchmal so lästig wurde, daß ich fast schon versucht war, ihnen nachzugeben, nur um meine Ruhe zu haben.

Daß ich es mir dann doch anders überlegt habe, lag nicht daran, daß meine heroischen Abwehrkräfte vollends zusammengebrochen wären, sondern an einem glücklichen Zufall. Eine meiner Schwestern, die in Mailand Religion unterrichtet (von uns D'Ortas gibt es ein halbes Regiment), erzählte mir, als sie einmal auf Besuch kam, daß ihre alles andere als braven Schüler merkwürdigerweise immer wieder gern Aufsätze über »heilige« Themen schrieben und dabei manchmal wirklich sehr witzige Einfälle hätten. »Glaub mir«, sagte sie voller Überzeugung, »die können es mit deinen kleinen Teufeln von Arzano aufnehmen.« Und da fühlte ich mich denn plötzlich wie Paulus auf dem Weg nach Damaskus, erst recht, nachdem ich ein paar Kostproben dieser mailändischen Schulaufsätze genossen hatte. Nur leider konnte ich nichts damit anfangen, es sei denn, ich übersetzte sie ins Neapolitanische ...

Aber die Idee war geboren. Also machte ich mich auf die Jagd. Ich selber unterrichte schon länger nicht mehr, bin aber immer noch in besten Beziehungen mit den Kollegen von Arzano und Umgebung, ja sogar mit einigen Religionslehrern. Und diese Freundschaften habe ich dann hemmungslos ausgebeutet, habe gedrängelt, gebettelt, animiert und nicht selten Themen geliefert und Richtungen gewiesen. Nicht, daß alle nun begeistert reagiert hätten, anfangs tröpfelte das Material nur spärlich. Aber dann begann ihnen das Spiel allmählich Spaß zu machen, und sie machten sich, von den ersten Erfolgen (sehr) ermuntert, kräftig ans Werk. Das Ergebnis war hochbefriedigend. Auch meine Schwester hat dabei mitgewirkt und mit viel Geduld ihr Archiv durchstöbert, um mir alle Aufsätze ihrer kleinen süditalienischen Schüler, diesen mehr als rechtmäßigen Erben »meiner« Kinder von Arzano, zu liefern.

Ich las, wägte ab, wertete aus, suchte wie immer nach den witzigsten und unverfälschtesten Stellen. Das hat mich viel Arbeit gekostet und oft den Einsatz der Schere, manchmal auch den des Klebstoffs gefordert. Bis dann eines Tages (Seufzer der Erleichterung) eine überzeugende Auswahl vor mir lag. Oder zumindest eine Auswahl, die mich überzeugte. War hier nicht ein Bild des süditalienischen Kindes aus einem ganz ungewöhnlichen Blickwinkel entstanden:

furchtsam und frech, schelmisch und abgeklärt, mit seiner pittoresken Ausdrucksweise, seinem zuweilen surrealen Humor, vor allem aber der angeborenen gelassenen, ja fast fröhlichen Hinnahme des Schmerzes. An den farbigen Episoden und »übernatürlichen« Zeichen entzündet sich eine Phantasie, die Spiel, Ausbruch und Trost in einem ist. Aber auch ein Lehrstück über das Leben. Das sich, wie ich hoffe, auf den Leser überträgt.

Marcello D'Orta

Das Alte Testament

Warum hat uns Gott erschaffen?
(Verstreute Gedanken)

Es ist nachgewiesen, daß es Gott war, der uns erschaffen hat.

Gott hat uns erschaffen, um uns seelenruhig ins Paradies zu schicken.

Gott hat uns erschaffen, weil er uns lieber gemocht hat, als vorher.

Gott oder sonstwer, einer mußte uns ja schaffen ...

Gott hat uns alle gratis erschaffen.

Gott hat auch die Neger erschaffen, bloß daß die es nicht wissen.

Wenn Gott uns erschaffen hat, ist das sein Scheiß.

Gut, daß Gott uns erschaffen hat, nur hat er ein bißchen übertrieben.

Auf der Unfallstation hat einer nicht glauben wollen, daß Gott uns erschaffen hat.

Zuerst schuf Gott den Menschen und dann zähmte er ihn.

Gott schuf uns uralt.

Gott hat uns mit viel Vorsicht erschaffen.

Wenn Gott uns erschaffen hat, warum wird dann mein Bruder ins Internat geschickt?

Gott hat uns erschaffen, damit wir verkehren.

Also, wenn Gott gewußt hat, daß die meisten in die Hölle kommen, warum hat er uns dann erschaffen?

Als ihr erklärt habt, warum Gott uns erschaffen hat, habe ich gefehlt.

Schildere die Erschaffung der Welt – 1

Gott schuf die Schöpfung in sieben Tagen, gleich einer Woche. Als erstes machte er die Fische, dann schuf er den Himmel, die Erde, die fliegenden Tiere, das Meer, die Tierrassen, die Sterne und den Menschen nach seinem Ebenbild. Den ersten prähistorischen Mann nannte er Adam, und dann fragte er ihn, ob er glücklich sei, daß er ihn ins irdische Paradies getan hätte und ob ihm nicht was fehle. Nein, nein, sagte Adam, mir geht es sehr gut, so glücklich wie ich bin. Aber Gott schuf ihm die Frau.

Die Frau hieß Eva, weil sie sehr langes Haar hatte. Gott schrie: »Ihr könnt alle Früchte von den Bäumen kosten, Birnen, Trauben, Kirschen, Melonen, nur den Apfel nicht, wenn ihr den Apfel eßt, werdet ihr die Erbsünde haben.«

Eines Tages wurde Eva von der Schlange verführt, die zu ihr sagte: du wirst größer werden als

Jesus, wenn du diesen Apfel ißt. So hat Eva ihn gegessen, und als Adam heimkommt, gibt sie auch ihm ein Stückchen. Wie Gott das sah, erzürnte er und schrie: »Du Eva wirst deine Söhne Kain und Abel unter Schmerzen gebären und von jetzt an werdet ihr alle den Schweiß kennenlernen.«

Und in der Tat gebar Eva schwitzend.

Schildere die Erschaffung der Welt – 2

Wie seine Rippe schlief, schuf Adam die Eva.

Adam un Deva lebten immer im Paradies, auch unter der Woche. Sie waren sehr glücklich und lachten immer, wie Al Bano und Romina Pauer.

Adam un Deva gehorchten nicht dem Befehl Gottes, den Apfel nicht zu essen, und deshalb jagte Gott sie aus dem Paradies. Und sagte: »Als erstes verjage ich euch alle beide, zweitens werdet ihr sterben. Und du Eva wirst zwei Zwillingssöhne gebären, die aber sehr verschieden im Charakter sind.«

Abel war ein sehr netter Junge, sehr heutig; Kain nicht, der war ein Schwein und ein Schuft. Wie diese Söhne geboren sind, sagte Eva zu ihnen: »Jetzt müßt ihr gleich die Erde mit großem Schmerz bearbeiten, weil auch ihr ein bißchen Erbsünde auf euch habt.«

Abel weidete mit den Schafen. Kain übte den Bauern aus. Aber Gott gefielen Abels Geschenke besser, und die beiden Brüder haben immer wie verrückt herumgestritten.

Eines Tages nahm Kain einen Stock und haute ihn übertrieben auf Abels Kopf, und Abel starb.

Dies ist der erste Mord der Dritten Welt, später kamen noch sehr viele andere.

Schildere die Erschaffung der Welt – 3

Gott stellte zuerst den Himmel her, die Sonne, die Wolken, die Sterne, die Erde, das Meer, die Tiere und dann ließ er sich urplötzlich den Menschen einfallen. Und er sprach zu dem Mann, ich heiße dich Adam, und deine Rippe, die heiße ich Eva. Ihr seid Mann und Frau.

Adam und Eva waren ein wunderschönes Paar, aber sie hatten Pech mit ihren Kindern. Von den zwei, die sie gehabt haben, wurde der eine ein Mörder und ein anderer tot.

Sie hießen Kain und Abel. Kain und Abel waren zwei brave Kinder, aber im Laufe der Jahre waren sie nicht mehr wiederzuerkennen. Sie wetteten, wer Gott sympathischer war, und Abel gewann immer. Da hat ihn Kain, weil er auf Abel neidig war, getötet und sich in einer Grotte im Paradies versteckt. Aber Gott, der ihn ganz genau gesehen hat, rief ihn und machte ihn vor allen andern zur Sau.

Schildere die Erschaffung der Welt – 4

Aus Wut, weil Jesus sie aus dem Paradies verjagt hatte, gebar Eva einen Mörder und nannte ihn Kain.

Erzähle eine biblische Geschichte, die dich besonders beeindruckt hat

Bevor er von Kain getötet worden ist, erbaute Abel einen riesigen Turm, weil er den Himmel herausfordern und ihn mit der Turmspitze berühren wollte und gar nicht begriffen hat, daß man den Himmel nie berühren kann.

Er baute ihn ein Stockwerk über das andere, wie wenn man Plastikbecher immer einen in den andern reinsteckt.

Der Turm wuchs und wuchs und nahm kein Ende, aber da hat dann Gott, um Abel zu strafen, weil er zu ihm raufreichen wollte, Europa geschaffen und alle Sprachen durcheinandergebracht. Wer deutsch gesprochen hat, den ließ er jetzt spanisch reden, wer spanisch gesprochen hat, französisch und so mit allen.

Schließlich ist der Turm zu Bruch gegangen, und die Ziegelsteine sind auf die Erde geflogen. Und weil es in Neapel sowieso nur Stunk und Gemauschel gibt, bete ich dies zu Gott: »Vater unser, der du im Himmel bist, sei so gut: bring nicht auch noch unseren Dialekt durcheinander.«

Schildere die Geschichte Noahs

Zu Zeiten Noahs lebten die Menschen sechshundert, siebenhundert, auch achthundertzwanzig Jahre. Manche Großeltern kamen sogar auf tausend Jahre.

Aber weil sie soviel länger lebten als wir, begingen sie auch viel mehr Sünden, und auf der Erde von damals war es noch viel schlimmer als auf der von heute.

Da hat es Gott eines Tages gereicht und er beschloß, Menschen und Tiere zu strafen. Er ging zum Noah und sagte ihm ins Gesicht: »Noah, du bist der einzige Ehrenmann auf der Erde, die anderen sind ungehorsam, und es bleibt mir gar nichts anderes übrig, als sie zu strafen. Baue eine Arche und laß dort alle Tiere rein, mit denen du verkehrst, ich schicke in der Zwischenzeit schon mal die Sintflut bis zum ersten Pegel runter. Beim zweiten Pegel schick eine Taube raus, um zu sehen, wie es geht: wenn sie trocken zurückkommt, heißt das, daß ihr rauskönnt, wenn sie naß zurückkommt, ist es noch zu früh.«

Noah hatte noch nie eine Arche gebaut, und fragen konnte er auch keinen, weil, wenn sein Geheimnis rausgekommen wäre, hätte jeder eine Arche für sein eigenes Zeug gebaut, und die Sintflut hätte gar nichts gebracht.

Aber dann hat er es doch geschafft, er baute sie in Form eines Maurerhutes und ließ alle lieben Tiere hinein. Wie die Sintflut getrocknet war, machte Noah das große Tor auf und ging hin, um eine neue Stadt zu gründen.

Erzähle vom Propheten Jonas

Gegen Ende des Alten Testaments guckte Gott vom Himmel runter und sprach zu einem Mann namens Jonas: »Jonas, du mußt gleich mal nach Ninive, das soll Buße tun. Dieses Ninive ist ja das reinste Sodom und Gomorrha, es macht bloß ein paar Schweinereien weniger. Sag dem Ninive, wenn es nicht auch so enden will, soll es schwören, daß es bereut.«

Jonas erwiderte: »Ist gut, ich gehe gleich hin«, aber kaum hatte ihm Gott den Rücken gekehrt, machte er sich auf einen anderen Weg, er ging direkt zum Hafen von Karthago auf ein Schiff, das sehr weit weg fuhr.

Er hat genau wie der Kain geglaubt, daß Gott ihn nicht sehen würde, aber Gott sieht alles, auch das, was nicht ist. Zum Beispiel wußte Gott schon bevor er die Erde schuf, daß ich einen Aufsatz über Jonas schreibe und auch welche Note ich kriege.

Wie er sah, daß Jonas nicht gehorchte, wurde Gott zornig, und um ihn für seine Schlauheit zu strafen, entfesselte er einen furchtbaren Sturm. Das Schiff schaukelte mitten im Ozean rum, und die erschrockenen Seeleute begriffen, daß nur Jonas daran schuld war und warfen ihn ins Meer.

Wie Jonas ins Wasser fiel, hat er sofort alles bereut, aber in dem Augenblick kam ein riesiger Walfisch und verschluckte ihn wie beim Pinocchio. Im Bauch des Walfischs wußte Jonas nicht, was er tun sollte, er hat drei Nächte und drei Tage lang gebetet, und am Ende erbarmte sich Gott seiner und der Walfisch spuckte ihn aus.

Am nächsten Tag wusch sich Jonas das Gesicht und die Hände und ging nach Ninive, damit es ihm büßte.

Heute möchte ich von David und Goliath erzählen

David war ein lieber, folgsamer Junge, normal groß, Goliath war ein böser frecher Riese, so groß wie Polyphem, aber mit zwei Augen und zwei Augenbrauen.

Goliath hat die Guten wie Ameisen zerquetscht, keiner wurde mit ihm fertig, vielleicht nicht mal Rambo.

Er hat Fußtritte und Ohrfeigen ausgeteilt, und wenn er einen nur ein bißchen gezwickt hat, war der schon Matsch. Wenn er mal geniest hat, flogen alle Philister weg. Er war Israels Feind Nummer eins. Zur damaligen Zeit konnte ihn keiner töten, weil es keine Pistolen, Gewehre und Laserstrahlen gab. Wenn es damals schon die Reiter von den Tierkreiszeichen* gegeben hätte, die hätten es ihm natürlich gezeigt!

* Spielzeugfiguren (A. d. Ü.)

Schließlich hatten es die Juden satt und riefen David, der konnte so gut zielen, daß es kaum zu glauben ist, und David nahm vier oder fünf spitzige Steine, tat sie in seinen Sack und brach auf. Als er Goliath begegnete, haben sie sich nicht mal begrüßt, so sehr haben sie sich gehaßt, und als der Goliath hörte, daß David ihn herausfordern wollte, lachte er und versprach, daß er ihn zu Matsch machen würde.

David schenkte ihm kein Vertrauen: er tat einen Stein in die Schleuder, wirbelte sie im Kreis herum und warf ihn los. Der Stein traf Goliath genau in die Stirn und spaltete sie auf wie eine rote Melone.

Als er auf den Boden fiel, haute ihm David mit dem Schwert den Kopf ab und ließ ein Bild von sich machen mit dem abgeschlagenen Kopf in der Hand.

Schildere die Opferung Isaaks

Es war einmal ein sehr alter Mann, Abraham, der hatte einen kleinen Jungen Isaak und dazwischen war Gott.

Eines Tages sprach Gott: »Abraham, nimm deinen Sohn, bring ihn auf den Berg, binde ihn ganz fest und töte ihn. Wenn du mich liebst, mußt du das für mich tun.«

Abraham wollte seinen Sohn nicht töten, aber er mußte.

Wie sie so gingen, hat Isaak nicht gewußt, daß er der Getötete war, und wie sie auf dem Berg angekommen waren und Abraham ein Feuer vorbereitete, fragte er ihn, wo das Lämmchen oder das Zicklein zum Braten sei. Und Abraham sprach: »Ehrlich gesagt, bist du es.«

Dann band er Isaak auf das Holz und erhob das Messer. In dem Augenblick erschien ein Engel, der die Hand Abrahams festhielt. Er sagte zu ihm:

»Wir haben gesehen, daß du nicht ungehorsam geworden bist, gut gemacht! Das reicht jetzt: heute wirst du deinen Sohn nicht mehr töten.«

Und Abraham und Isaak kehrten in ihr Dorf zurück.

Aber diese Geschichte ist so komisch, daß ich glaube, die ist erfunden.

Warum wurden Sodom und Gomorrha zerstört?

Sodom und Gomorrha waren zwei ganz nahe Städte des Alten Testaments und auf der ganzen Welt für ihre Sauereien berühmt, sie haben immer gewettet, wer die ekligsten Sachen erfinden konnte.

In Sodom und Gomorrha machten die Männer mit den Männern und die Frauen mit den Frauen Kinder, und wer die Nonnen vergewaltigen durfte, wurde ausgelost. Es waren die Städte des Aids und der Drogen, die Alten sind den Weibern nachgestiegen und in der Kirche haben alle gerülpst.

Nur einer war lieb und gut, ein gewisser Lot. Er hat fast keinen Sex gehabt und war sehr anständig. Eines Tages begegnete er zwei Guten Geistern, die sprachen zu ihm: »Rette dich, Lot!«

Da hat er seine Familie genommen und ist aus Sodom und Gomorrha entwischt. Und genau in dem Augenblick schickte Gott einen Feuerregen auf die beiden Städte herunter, und so starben alle Kinderschänder, alle Nutten verbrannten, und das Erdbeben hat den ganzen Saustall über dem Kopf der Schufte zusammenkrachen lassen.

Lot und seine Familie konnten sich retten, aber diese blöde Kuh, Lots Weib, hat sich umgedreht, um zu sehen, wie das ausging, und so wurde sie in eine Säule aus grobem oder feinem Salz verwandelt.

Diese Geschichte lehrt, daß nicht einmal die Sintflut was geholfen hat.

Was bedeutet für dich das salomonische Urteil?

Das salomonische Urteil kenne ich sehr gut, und es ist ein sehr schlaues Urteil. Es waren einmal zwei antike Frauen mit einem einzigen Sohn. Die Frau Nummer eins sagte, dieser Sohn gehörte ihr, die Augen, die Nase, der Mund usw. wären aus ihrem Gesicht geschnitten. Die Frau Nummer zwei sagte, daß sie den Sohn eines Nachts mit ihrem eigenen Bauch gemacht hatte und daß sie ganz sicher war.

Und da aber das Kind ganz klein war und sich nicht erinnern konnte, wer es geboren hatte, gingen sie zu König Salomon.

Salomon fragte: »Wer will dieses Kind?« Und die beiden Mütter zogen die eine an einem Arm und die andere an einem Bein und kreischten: »Ich! Ich!« Und das Kind schrie von dem Reißen. Da stellte sich der König in die Mitte und tat mit einem Schwert so, wie wenn er es in der Mitte durchschnitt und sagte: »Ein Stück gebe ich dieser Mama hier und das andere Stück gebe ich der anderen Mama da.« Aber nicht, daß er es wirklich durchschneiden wollte, es war ja schließlich kein Weihnachtskuchen.

Da schrie die echte Mama: »Nein! Nein! Zerhack mir meinen Sohn nicht! Ich schenke ihn dieser anderen Frau, Hauptsache, er bleibt ganz!«

Und als der König sah, daß die eine weinte und es der anderen wurscht war, kapierte er, von wem er wirklich der Sohn war und gab ihn ihr, und die Stiefmutter kam ins Gefängnis oder sie erhängte sich.

Hiob ist ein Beispiel für Geduld und Ergebenheit in den Willen Gottes

Dem armen Hiob sein Leben war ein einziges Pech. Er war reich, hatte Ehefrauen und Esel, Söhne und Kamele, Ochsen und Schafe. Es mangelte ihm an nichts. Er war auch gut, großzügig und gehorsam: wenn ihm eine Ehefrau oder ein Esel starb, sagte er »macht nichts«.

Da stellte ihn Gott auf die Probe. Er ließ zuerst alle seine Brüder, alle Schwäger und alle Neffen sterben, dann alle Ehefrauen und alle Söhne.

Er blieb allein mit seinen Tieren, er hatte siebentausend Schafe, viertausend Ochsen und dreißigtausend Kamele: nur die Söhne und die Ehefrauen fehlten.

Am nächsten Tag ließ Gott auf einen Schlag alle Tiere sterben und Hiob blieb allein wie ein Hund. Aber Gott war noch nicht zufrieden, sondern schickte ihm auch noch alle Krankheiten dieser Welt auf den Hals: Pest, Cholera, Lepra, Krätze,

Hämorrhoiden. Vielleicht mußte er auch in die Harnflasche pissen.

Trotz all dem klagte er niemals auch nur zum Spaß. Da hat Gott, wie er sah, daß er die Probe bestanden hatte, alle seine Söhne, seine Brüder, seine Ehefrauen, Onkels und sogar die Kamele alle wieder auferstehen lassen.

Und von ihm hat er alle Krankheiten genommen und ließ ihn dann nochmal hundert Jahre am Leben.

Beschreibe eine Gestalt aus dem Alten Testament

Die Gestalt, die ich am sympathischsten finde, ist Samson. Samson kann man auch im Königsschloß von Caserta sehen. Gleich wenn man reinkommt, geht man fünf oder sechs Meter und da ist dann links Samson.

Er war sehr stark, das habe ich auch im Film gesehen. Seine ganze Kraft war in den Haaren, die waren wie die von Gullit, nur länger, und Gott hatte sie ihm geschenkt. Nur um mal eine Vorstellung zu geben, er hat, kaum daß er geboren war, gleich zwei Schlangen abgemurkst. Und einem Löwen, der ihn fressen wollte, hat er das Maul aufgerissen.

Mit einem Eselskiefer, den er wie verrückt herumgewirbelt hat, richtete er ein Blutbad unter den Philistern an und keiner konnte ihn bremsen, so geladen war er. Aber im September hat eine böse Frau, Dalila, sein Geheimnis entdeckt, sie hat ihm nachts die Haare abgeschnitten, und er ist schlaff wie Schifiltor* geworden. Da hat sie ein Seil um ihn herumgewickelt und ihn vor den König gebracht. Der König blendete ihn und warf ihn ins Gefängnis.

Man hat schon geglaubt, mit Samson wäre es aus, aber von wegen! Während er eingekerkert war, wuchsen seine Haare wieder und seine Kraft kehrte zurück. Da wurde es ihm zu blöd, Gefangener zu sein, er nahm vier Stufen auf einmal die Treppe rauf, stützte sich auf zwei Säulen und drückte so stark, daß der ganze Tempel zusammenkrachte, und Jerusalem ebenfalls. Leider ist auch er, der Samson gestorben, aber wenigstens hatte er sich gerächt.

* Spielzeugmonster von schlaffer, klebriger Beschaffenheit (A. d. Ü.)

Welche biblische Gestalt hat dich am meisten beeindruckt?

Moses ist in einem Strohkörbchen jüdisch geboren und wurde wegen seiner Rasse auf dem Fluß Nil ausgesetzt.

Die Tochter des Pharaos hat, wie sie mit ihren Freundinnen Ball spielte, als erste Moses entdeckt, der auf dem Wasser trieb, sie hat ihn herausgefischt und bei sich behalten. Er wuchs am Hofe auf, aber obwohl er glaubte, daß er der Sohn des Pharaos wäre, war er ein anständiger Kerl und gab nicht so mords an. Als eines Tages rauskam, daß er Jude war, schrie der echte Sohn des Pharaos: »Ich habe es doch immer gesagt!« und schickte ihn in die Wüste.

In der Wüste litt Moses Hunger und Durst, aber mehr Durst wegen den Poren, denn die Sonne war sehr heiß, tausendmal heißer als in Licola.* Aber Gott erbarmte sich und half ihm, aus der Wüste zu

* Bekannter Badeort in Kampanien

fliehen, und hundert Meter nach dem Ende der Wüste heiratete Moses.

Als er nach Ägypten zurückkehrte, hatte er einen übertrieben langen Bart, und wie ihn der echte Sohn des Pharaos sah, sagte er mit einer furchtbaren Wut im Bauch: »Bist du schon wieder hier? Dann schicke ich dich eben wieder in die Wüste!«

Aber Moses hörte nicht auf ihn und strafte ihn mit den sieben Plagen Ägyptens.

Erst als sein kleiner Sohn als letzte Plage starb ließ der Pharao die Juden frei. Sie machten ein großes Befreiungsfest, aber wie sie dann vor dem Meer standen, wurden sie sehr traurig.

Da hob Moses den Stock, und das Meer teilte sich in zwei Teile: aber nicht in einen für die Juden und in einen für die Ägypter, sie waren beide für Moses. Und so gingen sie durch.

Gegen Ende der Reise kriegt Moses die Zehn Gebote, und sein Bart wird noch länger und nötiger.

Erkläre die Bedeutung der Zehn Gebote

Die Zehn Gebote hat Moses für die Menschen gekriegt, um sie keine Sünden mehr begehen zu lassen. Vor den Zehn Geboten gab es nicht mal ein einziges, und man hat nie gewußt, auf wen man hören sollte. Jeder hat alles nach seinem eigenen Kopf gemacht, und es war überall ein großes Durcheinander.

Aber dann kam Moses und Gott gab sie ihm mit dem Blitz über dem Felsen und einer doppelten Stimme.

Neun Gebote gab er für die Großen, und eines machte er extra für die Kinder, nämlich *du sollst Vater und Mutter ehren.*

Bei dem Gebot Nummer 6 muß ich immer lachen.

Eine biblische Geschichte, die dich besonders beeindruckt hat

Der Pharao von Ägypten war ein Riesenarsch, und es war ganz richtig, daß Moses ihm all diese Plagen auf den Hals geschickt hat. Wenn es heute auch so einen Moses gäbe, könnte er die Plagen Ägyptens auch dem Saddamussen schicken, dann würde der aufhören, immer im Erdöl Krieg zu machen.

An alle Plagen kann ich mich nicht erinnern, aber an die wichtigsten schon. Da war die Plage mit dem Blut im Wasser, die der Heuschrecken, der Mükken, der Frösche, der Lepra und die Plage der Nacht und der Dunkelheit. Aber die Plage, die mir am liebsten ist, ist der Tod des Pharaonensohns. Denn Gott hat das Kind so retten wollen, weil sonst hätte es, wenn es groß gewesen wäre an die Götzen geglaubt und wäre in die Hölle gekommen, und gleichzeitig hat er seinen allzu bösen Papa bestraft.

Und diese Geschichte dauert über drei Stunden.

Das Neue Testament

Schildere die Geburt Jesu

Das Jesuskind wurde in einer Grotte von Bethlehem geboren und nicht in einem Haus oder in einer Klinik, weil kein Gastwirt in Palästina ihm ein Zimmer zum geboren werden vermieten wollte.

Wenn sie gewußt hätten, daß er Jesus war, hätten sie ihm das Reggia Palas Hotel* in Person gegeben.

Das Jesuskind ist am Heiligen Abend Punkt zwölf Uhr geboren, seine Mutter war die Madonnina, sein Vater der heilige Joseph. Der heilige Joseph war ein Zimmermann, wie mein Vater, wir nennen ihn Tischler.

Kaum war das Jesuskind geboren, verbreitete sich die Nachricht überall, und die Hirten, die Wäscherinnen und die Stierkämpfer kamen, um es anzubeten.

* Reggia Palace Hotel, berühmtes Hotel in Caserta (A. d. Ü.)

Alle Leute gingen zum Jesuskind, nur Benino* nicht, weil er ganz modern sein wollte.

Auch die heiligen drei Könige gingen zu ihm, die dem Kometen auf den drei Kamelen mit Höckern folgten.

Jesus blieb immer gut wie er bei der Geburt war, er ist nie böse geworden.

Ich möchte, daß Jesus nie gestorben wäre. Wenn ich dabei gewesen wäre, hätte ich dem Pontius Pilatus einen Karateschlag gegeben.

* Klassische Figur der neapolitanischen Weihnachtskrippen. Sie wird immer schlafend dargestellt und verkörpert die Gleichgültigkeit gegenüber dem großen Ereignis.

Ich erzähle eine Geschichte aus dem Evangelium . . .

Am Anfang waren die zwölf Apostel wirklich Niemande. Wer kannte sie schon? Die meisten von ihnen waren Fischer und Obsthändler. Eines Tages, als Jesus sah, daß der heilige Petrus nervös war, weil er nicht mal eine Sardelle gefangen hatte, sprach er zu ihm: »Fahr wieder aufs Meer hinaus, und ich werde dich mit Fischen vollstopfen, Hauptsache, du wirst dann Apostel.« Petrus tat das, er kam mit zwei oder drei Zentner Fischen zurück, und von dem Augenblick an folgte er dem Jesus. Gerade jetzt, wo er glänzende Geschäfte machen konnte, folgte er Jesus, und deshalb wurde er zum Heiligen ernannt.

Von den zwölf Aposteln konnte am Anfang keiner richtig reden, sie machten alle ottographische Fehler. Wenn sie Jesus begleiteten, um ein paar Wunder zu tun, ließen sie ihn immer üble Taschenspielertricks machen.

Sie waren daran nicht schuld, weil die Schulen zu jener Zeit nur für die Vornehmen und die Römer da waren. Da hat dann der Heilige Geist dafür gesorgt, daß ihnen geholfen wurde.

Und er kam herab. Er kam ganz ganz langsam wie am Mischpult und setzte sich den zwölf Aposteln auf den Kopf, oder vielmehr den elf, weil der Judas sich in der Zwischenzeit erhängt hatte. Und plötzlich fingen sie an, in allen Sprachen der Welt zu reden, französisch, spanisch, polnisch, amerikanisch. Zum Beispiel »arrivederci« heißt auf französisch OREWUAR, auf deutsch AUFFIDELSEN, auf amerikanisch GUDBAI. Und sie waren sehr froh. Außer Petrus, der nachdem er Jesus verraten hatte, mit dem Kopf unter der Erde und den Füßen im Himmel endete.

Was meinte Jesus mit dem Satz:
»Wenn ihr nicht werdet wie die Kinder, so werdet ihr nicht in das Himmelreich kommen«?

Ich glaube, daß Jesus, wie er diesen Satz gesagt hat, nicht die acht-neunjährigen Kinder gemeint hat, sondern die ganz winzigen. In der Tat sind die Kinder zu jener Zeit lieb, also wirklich lieb, während wir schon ziemlich hell im Kopf sind.

Ich glaube, daß daran die Schule schuld ist. Entschuldigt, daß ich das sage, aber es ist wirklich so. Zum Beispiel streite ich daheim nie mit Giuseppe, aber kaum kommen wir in die Schule, sind wir wie Hund und Katz. Also dann?

Die kleinen Kinder stehlen nicht, sagen keine Ausdrücke und Flüche, töten nicht und machen keine Kriege. Wenn es auf der ganzen Welt nur kleine Kinder gäbe, wäre dies eine wunderschöne Welt wie damals bei Adam und Eva vor dem Apfel.

Die Großen dagegen sind das wahre Übel dieses Planeten, das fängt mit fünfzehn Jahren an. Sie richten alles Unheil an, was sie können: sie töten, verschmutzen die Umwelt, betrügen, im Mittleren Osten fangen sie um sechs Uhr morgens an, sich umzubringen.

Ich möchte nicht groß werden, aber ich fürchte, ich muß.

Erläutere den Satz Jesu: »Liebet eure Feinde«

Dieser Satz bedeutet, daß wir uns alle gern haben sollen und nicht wie Hund und Katze sein.

Wie in dem Gleichnis vom guten Samariter, der einen Feind auf dem Boden sieht und ihn anzieht und ihm hilft.

Dieser Feind war wie ein Freund zu seinem Feind.

In Piscinola wissen sie nicht einmal, wo der gute Samariter wohnt, vor allem im Biliardsaal neben meinem Haus, wo wenn eine Kugel näher beim Kügelchen ist, einer immer gleich sagt, daß das seine Kugel ist und nicht die von dem andern und Scheißkerl zu ihm sagt.

Ich habe auch einen Feind, und das ist meine Schwester, aber warum kann ich hier nicht sagen.

Ich würde sie ja auch zu meiner Freundin machen, aber ich schaffe es einfach nicht!

Erläutere den Satz Jesu:
»Der Mensch lebt nicht vom Brot allein«

Dieser Satz Jesu bedeutet, daß wir nicht nur an unseren eigenen Scheiß denken sollen, sondern auch den anderen helfen müssen. Aber oft kommt einer von der Arbeit heim, macht sich ans Essen und guckt das Fernsehen an, dann ist ihm alles wurscht und er geht schlafen. Wenn die Frau von nebenan klopft und Knoblauch, eine Zitrone, ein Novalgin will, sagt die Ehefrau, daß sie es nicht hat oder sie tut so, als ob sie die Tür nicht hört.

Wir müssen einer dem andern helfen wie wenn wir Brüder wären, egal ob einer Doktor ist und der andere Straßenhändler. Mein Vater ist Straßenhändler, na und? Hilft er vielleicht nicht sogar den andern? Ein Neger hat am Patria-See Autostop gemacht und mein Vater hat ihn mit allem mitgenommen, auch wenn er keine Lust hatte.

Wenn es De Mita oder Agnelli gewesen wäre, hätten sie ihn runtergeschmissen.

Erläutere den Satz Jesu:
»Was siehst du aber den Splitter im Auge
deines Bruders, doch den Balken
in deinem Auge nimmst du nicht wahr?«

Wie ich klein war, bin ich mal im Auto von einer angeheirateten Tante gewesen, die beim Standa* arbeitet, und wie wir da an den Quattro Vie vorbeikommen, sehen wir ein paar Feuer und meine Tante sagt: »Weißt du, was die da sind? Das sind Nutten.«

Wie ich dann heimgekommen bin und es ihr sagte, fing Mama so laut zu brüllen an, daß fast das ganze Haus heraufgekommen wäre.

Am Morgen zog ich mich an und wir gehen zum Standa hinunter.

Und da hätte dann Mama meine Tante, die es mir gesagt hatte, fast zur Sau gemacht. Ich habe mich geschämt vor all den Leuten, die mich anguckten, und außerdem war ich nicht mal in die Schule gegangen.

Nachher haben sie sich wieder versöhnt und wie

* Kaufhaus (A. d. Ü.)

ich Erstkommunion gehabt habe, hat mir die Tante sogar ein Geschenk gemacht.

Und jetzt hat sich diese angeheiratete Tante von ihrem Mann scheiden lassen und hat sich einen anderen schon verheirateten genommen und jetzt haben sie Händel beim Anwalt wegen den Kindern, diesen Ärmsten, die gar nicht wissen, was aus ihnen wird.

Wenn ich das gewußt hätte, wie sie ist, dann hätte ich ihr damals, wie sie mir das als ganz kleines Mädchen gesagt hat, geantwortet: »Statt daß du dich so viel um die Nutten da kümmerst, kümmere dich lieber um dich selber, denn du bist auch nicht gerade ohne!«

Erzähle das Gleichnis Jesu, das dich am tiefsten beeindruckt hat – 1

Eines Tages sprach ein verlogener Sohn zum Vater: es stinkt mir, immer in der Familie zu leben, ich will mein Erbteil und machen, was ich will. Und der Vater gab es ihm. Die Tage vergingen, und der Sohn machte sich ein schlaues Leben, Bar, Kino, Ferien mit schönen Kleidern, kurz, das Geld geht aus und um sich durchzuschlagen, findet er Arbeit als Schweinehirt.

Er schrie immer »Hilfe, Hilfe, der Wolf!«, aber das stimmte gar nicht, er wußte nur nicht, was er tun sollte. Die aus dem Dorf sind jedesmal darauf reingefallen, aber eines Tages kam wirklich der Wolf, fraß alle Schafe, und wegen ihm kam keiner mehr auf den Berg, weil ihm keiner mehr geglaubt hat.

Also kam er herunter und bat seinen Vater um Verzeihung. Er sprach zu ihm: nur über meine Leiche gehe ich noch mal fort!

Und der Vater verzieh ihm, umarmte ihn und sagte, komm setz dich ins Wohnzimmer.

Der andere Bruder hat sich aber gegiftet, er sagte, daß das wirklich eine große Ungerechtigkeit war, und wenn er ihn aus dem Haus jagen könnte, täte er es. Er war wie Kain und Abel. Aber zum Glück tötete er ihn nicht, er haßte ihn nur.

Erzähle das Gleichnis Jesu, das dich am tiefsten beeindruckt hat – 2

Meiner Meinung nach ist das wichtigste Gleichnis der reiche Prasser, der sich vollgefressen hat wie ein Schwein und den andern nicht einmal ein Brotsämchen gegeben hat, weil das all das Schlimme bedeutet, was auf der Erde getan wird.

Nehmen wir zum Beispiel die Vereinigten Staaten oder USA und Japan und auf der anderen Seite die Dritte Welt, Indien und die Marokkaner vom Bahnhof. Diese Völker sind mit jedem Tag, der vorbeigeht verzweifelter, sie haben nichts zu essen, sie haben nichts zu trinken und sie haben kein Krankenhaus, das für die Lepra ausgerüstet ist: die können immer nur die Löwen anglotzen. In der Zwischenzeit wird in Amerika getanzt und gefeiert, und Japan baut einfach alles, weil es ja so reich ist. In Arzano gibt es doch kein einziges Haus, das nicht was Japanisches hat, sogar die Quartzuhr!

Aber was tun denn die Vereinigten Staaten und Japan für diese unglücklichen Völker? Also wenn ich Afrika oder Indien wäre, würde ich alles Geld von den Armen zusammensammeln und eine riesige Rakete bauen und sie Nordamerika und Japan auf den Kopf knallen, damit sie sehen, wieviel Böses sie uns angetan haben!

Wenn Arzano sich für seine Armut rächt, schlägt es Andreotti ein blaues Auge.

Erzähle das Gleichnis Jesu, das dich am tiefsten beeindruckt hat – 3

Das Gleichnis, das mir am besten gefallen hat, ist das vom Frosch und dem Ochsen. Jesus hat uns gelernt, daß einmal ein sehr eitler, also wirklich furchtbar eitler Frosch war, der in einem Teich wohnte. Eines Tages kam gleich wie der Tag anbrach ein Ochse. Alle anderen Frösche sind vor Schiß schnell ins Wasser gesprungen, nur er nicht. Sie waren alle zitternd unter dem Wasser und sagten: »Mamma mia, wie groß dieser Ochse ist, wie groß er ist! So wie er können wir nie werden!«

Aber der eitle Frosch sagte, doch ich kanns. Und dann blähte er sich und blähte er sich, bis er platzte. Mit diesem Gleichnis hat uns Jesus erklärt, daß wer zuviel will platzt.

Schildere ein Wunder Jesu – 1

Für mich hat Jesus das größte Wunder getan, wie er ganz allein auferstanden ist, ohne daß ihm einer geholfen hat.

Schildere ein Wunder Jesu – 2

Jesus hat viele Wunder getan, den Blinden, den Leprakranken, den Gelähmten, den beruhigten Sturm, das Gehen auf dem Wasser usw. Aber ein Wunder hat er nicht getan: er hat meinen Bruder nicht von den Drogen gerettet.

Aber bitte, lest diesen Aufsatz nicht vor der Klasse vor.

Schildere ein Wunder Jesu – 3

Eines Tages wurden die Madonna, Jesus persönlich und der heilige Gaetano in die Stadt Kanna zu einer Hochzeit eingeladen, und sie haben sich schön angezogen, um Eindruck zu schinden. Vielleicht hat sich Jesus daheim die Hände mit einem Wunder gewaschen. Dann setzten sie sich an den Tisch.

Anfangs nichts zu sagen, alles OK. Man hat gegessen wie die Herren, weil es eine Hochzeitsfeier war. Wenn auch der reiche Prasser dagewesen wäre, hätte er alles allein aufgegessen, auch den Teil von Jesus. Wie mein Onkel in Capemonte* geheiratet hat, hat der auch ein Fest gemacht, draußen auf der Terrasse, mit Sängern und allem. Eine Art Hochzeit von Kanna, aber viel schöner.

Nach einer Weile ging dann der Wein aus. Und

* Capodimonte

da Jesus der einzige war, der Wunder tun konnte, sagten alle zu ihm: »Kümmere du dich drum.« Und Jesus hat, um es denen zu zeigen, sofort das Wasser in Wein verwandelt, roten und weißen, und alle haben sich vor Staunen bekreuzigt. Und dann wurde noch viel mehr gegessen als vorher.

Erzähle eine Episode aus dem Evangelium

Eines Tages vor Uhrzeiten, wie er mal in der Wüste ging, begegnete Jesus einem Besessenen, das heißt einem Araber voller Teufeln.

Als die Teufel Jesus durch den Bauch des Besessenen sahen, fingen sie einen Heidenlärm an, beschimpften alle Leute, die vorbeikamen und hexten Jesus die schlimmsten Dinge an den Hals, aber wenn Jesus gewollt hätte, hätte er ihnen doppelt soviel dranhexen können!

Glatt hundert Teufel steckten in dem Bauch von diesem Araber, sie trieben ihm Schaum vor den Mund wie den Rössern, sie ließen seine Augen rausquellen wie die von Schillaci und jeder von ihnen hatte seinen Taufnamen. Aber Jesus hatte Erbarmen mit ihm und schrie: »Kommt sofort aus diesem Bauch raus, ihr Teufel! Geht zu diesen Schweinen dort drüben, die ihr da auf der Wiese seht!«

Und die Teufel sprangen schnell raus und hüpften in die Schweine. Und jedes Schwein bekam einen Teufel, oder vielleicht auch zwei. Aber so frech wie die waren, konnten sie es schon bald nicht mehr aushalten und aus Verzweiflung haben sich alle hinuntergestürzt.

Und jetzt möchte ich eines wissen: wie die Schweine da vom Runterfliegen zermatscht worden sind, sind da auch die Teufel mit ihnen gestorben? Und wenn dann nachher einer diese Schweine aufgegessen hat, hat er dann auch die Teufel mitgegessen?

Eine Gestalt aus dem Evangelium, von der du erzählen möchtest

Die Gestalt aus dem Evangelium, die ich erzählen möchte, ist der Hauptmann.

Der Hauptmann kann mir leid tun, weil er einfach nicht gewußt hat, was er machen soll.

Er hatte einen Sohn, der lag im Sterben, und alle sagten zu ihm, geh zu Jesus, du wirst sehen, er rettet ihn dir, Hauptsache, du reißt das Maul nicht so groß auf vor ihm.

Der Hauptmann tut, was sie sagen, begegnet dem Messias und sagt mit geschlossenem Mund: »Ich bitte dich, Erlöser, erlöse mir meinen Sohn und denk nicht dran, daß ich ein Römer bin.«

Der Messias stellte ihn zufrieden.

Als der Hauptmann nach Hause kam und sah, daß er erlöst worden war, lachte er vor Freude.

Aber es war eben so, daß er auch noch am Tage danach ein Hauptmann war, ein Feind des Volkes Jesu, der leicht den Befehl erhalten konnte, zweihundert oder dreihundert von dieser Rasse zu töten.

Der Hauptmann wußte, daß er gegen das Volk Jesu gehorchen mußte, aber auf der anderen Seite war er dem Erlöser viel zu dankbar für die Erlösung.

Wie er da nicht verrückt geworden ist, weiß ich auch nicht.

Judas und Petrus haben beide Jesus verraten; aber was für ein Unterschied zwischen den beiden ...

Eines Nachts habe ich von Judas geträumt, nachdem ich den Film über die Tunika gesehen hatte.

Er war auf einem Schiff, das nach Sardinien fuhr, und ich war auch da: er hat mir nichts getan, weil ich schlief, aber ich hatte trotzdem Schiß.

Judas war für mich der böseste Mensch der Welt, weil er Jesus verraten hat. Er machte es für dreißig Silberlinge, dann bereute er es und warf sie weg und brachte sich um, aber zu spät. Wer weiß, wer dieses Geld genommen hat. Wenn er sich in Neapel aufgehängt hätte, wäre es nicht einmal fünf Minuten auf dem Boden liegen geblieben.

Petrus hat, wie der Hahn dreimal krähte und ihm das Signal gab, daß er den Jesus verraten konnte, es getan, aber nicht für Geld, sondern aus Angst vor den Römern und dem Kreuz. Aber dann bereute er es und nahm den Tod mit dem Kopf nach unten auf sich.

Berichte über Pontius Pilatus

Meine Meinung über diese Gestalt ist keine einfache Meinung, aber vielleicht hat nicht einmal er richtig durchgeblickt. Denn Pontius Pilatus war auf der einen Seite ein Römer und auf der anderen war er ein Mensch.

Judas verriet den Jesus für dreißig Silberlinge, Pilatus dagegen umsonst. Aber vielleicht hätte er diese dreißig Silberlinge aus der eigenen Tasche gezogen, um ihn zu retten. Das ist mir klar geworden, wie ich im Religionsbuch gelesen habe, daß er alles getan hat, um ihn nicht zum Tode zu verurteilen. Wahrscheinlich hätte er, wenn er gekonnt hätte, das Wasser für die Hände der Menge ins Gesicht geschüttet und wäre abgehauen.

Am Ende verurteilte er ihn, nicht weil er Angst hatte (die Römer hatten vor niemand Angst, nur vor den Elefanten), sondern weil er Jesus schon zu lange hingehalten hatte, und außerdem hätten die

Hebräer, wenn er ihn nicht verurteilt hätte, einen Spion zu Oktavian geschickt.

So ist geschehen, was geschehen mußte, und heute ist Oktavian* eine Stadt und dort ist das Haus von Raffaele Cutolo.

* Ottaviano, Heimatstadt des berüchtigten Camorrabosses Cutolo (A. d. Ü.)

Barabbas, ein Dieb und Mörder,
wurde anstelle von Jesus begnadigt ...

Barabbas war eigentlich gar kein so richtiger Dieb und Mörder, er hat den Hebräern nur ein bißchen Kleingeld gestohlen, weil die Römer und Pontius Pilatus schon den größten Teil des Kapitals genommen hatten.

Und dann hat Barabbas dadurch, daß er römische Soldaten getötet hatte, den Hebräern auch einen Gefallen getan, da er ein paar Dutzend Tyrannen umgelegt hat, die größere Räuber waren als er.

Deshalb haben von den Hebräern zehn Prozent Barabbas gehaßt, weil er sie ausraubte und neunzig Prozent haben ihn geliebt, weil er ihnen die Römer umlegte: deshalb haben sie ihn befreit!

Wenn Barabbas ein Camorraboss, ein Drogenhändler oder ein Sexualtäter gewesen wäre, hätten sie unter der Tribüne des Pontius Pilatus raus Melonenschalen, faule Eier, Reisbällchen auf ihn geschmissen und Jesus befreit. Aber sie haben gehofft, daß wenn sie Barabbas befreien, der von der Tribüne runtersteigt und gleich ein paar Römer abmurkst.

Aber dann ist Barabbas die Stufen runtergekommen und einfach weggegangen ohne auch nur danke zu sagen.

Das haben sie nun davon gehabt, daß sie ihn befreit haben.

Was denkst du über die Geschichte vom guten Räuber?

Früher war in Frankreich als Todesstrafe die Guillotine, dann, wie man Amerika entdeckt hat, wurde der elektrische Stuhl erfunden. Wenn ein zum Tode Verurteilter mit Jesus zur Guillotine ging, sagte er bestimmt zu ihm: »Jesus, laß das Fallbeil rosten, dann fällt es nicht herunter«; wenn er zum elektrischen Stuhl ging, sagte er zu ihm: »Jesus, laß den Strom ausfallen.« Keiner hätte Jesus verhöhnt. Der Dieb mit dem Schnauzbart zu seiner Rechten dagegen, der verspottete ihn und sagte: »Was bist du denn für ein Gottessohn, wenn du nicht mal von einem Kreuz runtersteigen kannst?«

Westlich von Jesus war ein anderer Räuber, aber ohne Schnauzbart, der zu Lebzeiten von Beruf Übeltäter war, es aber als Toter bereut hat. Jetzt hatten sie ihn mit Händen und Füßen an das Kreuz gebunden, und auf dem Boden stand schon sein Totenkopf und wartete auf ihn.

Wie der nun die Worte des ersten Räubers hörte, ist er ihm ins Gesicht gesprungen und sprach, daß er auch nie zufrieden sei und statt Gott zu danken, daß er nicht mal eine Dornenkrone hätte, jetzt hier noch lang wissen wollte, warum einer nicht vom Kreuz stieg.

»Lieber Jesus«, sagte er zu ihm, »mir geschieht es recht, daß sie mich zum Tode verurteilt haben, denn ich bin ein gemeiner Räuber gewesen und vielleicht wäre ich sogar mit Barabbas gegangen! Aber du bist unschuldig, und das ist eine Ungerechtigkeit, eine Diktatur! Ich bitte dich, mir zu verzeihen, wenn du kannst.«

Und Jesus erwiderte: »Wahrlich, ich sage dir: heute noch wirst du mit mir im Paradiese sein.« Und soweit ich weiß, hat er dann sein Wort gehalten.

Schildere Leiden und Tod Christi

Pünktlich an Ostern ist die Auferstehung Christi.

Bevor Er auferstand, hat Er viel gelitten, der Ärmste.

Beim letzten Abendmahl war schon ein bißchen Verrat im Gange, aber keiner sagte es Ihm, keiner warnte Jesus. Am Ölberg weinte Er und die Jünger, diese Faulpelze schliefen. So ist keiner zu Hilfe gekommen, als sie Ihn verhaftet haben und keiner hat sich eingemischt, um Ihn zu retten. Judas verriet Ihn für dreißig Silberlinge, Petrus für nichts, nur aus Angst.

Pontius Pilatus mißhandelte Jesus gnadenlos: er zog Ihn am Bart, er stellte Ihm so witzige Fragen, er ließ Ihn bis aufs Blut peitschen, dieser gemeine Schuft. Dann setzten sie Ihm eine Dornenkrone auf und während sie Ihn auslachten, nagelten sie Ihn ans Kreuz.

Deshalb kann ich das Alte Rom nicht leiden, weil

es Jesus gekreuzigt hat. Wenn Er in Neapel gewesen wäre, hätte Ihm keiner was getan, und vielleicht wäre Er heute noch da. Als Jesus vollkommen tot war, kam ein großes Erdbeben, und erst da haben sie gemerkt, daß Er Gottes Sohn war, diese Schweine. Nach drei Tagen Tod fuhr Jesus zum Himmel, verzieh der ganzen Stadt Rom und setzte den Papst über sie.

Engel und Heilige

Wer sind die Engel?

Die Engel sind aus Luft gemachte Wesen, die zusammen mit Jesus, Maria und den Heiligen das Paradies bewohnen. Sie haben zwei Schwanenflügel an den Seiten und einen goldenen Reif auf dem Kopf. Sie sind Jesu Leibwächter und setzen oder legen sich nie hin, sondern stehen immer. Der älteste von ihnen spielt auf einer gelben Posaune.

Die jetzigen Engel sind diejenigen, die sich nicht gegen Gott aufgelehnt haben. Aber da war einer, Luzifer, vor dem kann ich nur warnen! Kaum war er geschaffen, sprach er zu Gott: »Warum sollen denn nur Sie Gott sein, und ich nicht? Das ist nicht gerecht!« Dann nahm er vier oder fünf andere stänkernde Engel und sie lehnten sich zusammen auf. Da packte Gott diese Gruppe von Frechen und ließ sie mit dem Kopf voran in die Hölle sausen. Dann zündete er ein ewiges Feuer an und ging. Von dem Augenblick an sind diese Engel von dem Rauch und dem Ruß nicht mehr weiß gewesen, sondern schwarz geworden, dann sind ihnen zwei dunkle Hörner gewachsen und die Schwanenflügel haben sich in Fledermausflügel verwandelt. Pfui Teufel!

Die guten Engel dagegen lehnen sich nie auf und an Weihnachten stellen sie sich im Kreis über Jesus auf.

Wer ist dein Schutzengel?

Ich weiß genau, daß es keinen Schutzengel gibt, das ist eine Art Zeichentrick, den die Pfarrer zusammen mit unseren Eltern erfunden haben, damit wir brav sind, weil sie nicht mehr mit uns fertig werden. Aber hinter meinem Rücken steht gar niemand, weder ein Engel noch ein Teufel, und ich glaube, daß wenn man den Kindern solche Lügen erzählt, sie dann als Erwachsene die blödesten Hammel werden, die reinsten Armleuchter und man sie mitten auf der Straße auslacht.

Außerdem kann ich, wenn ich nicht gerade eine Sauwut habe, ganz gut auch von allein brav sein.

Erzähle von den Christenverfolgungen und den ersten Märtyrern

Am Tag nach der Auferstehung Christi begannen die Verfolgungen.

Die Verfolgungen hat Nero erfunden, der verrückteste Kaiser der Römer, er hat auch Rom verbrannt, weil er ein neueres gewollt hat und dann die Schuld den Neapolitanern gegeben.

Er haßte alle Christen tödlich, weil sie besser waren als er, der ein unglücklicher und unfähiger Mensch war, weil er gegen seinen Willen böse geboren war.

Der erste Märtyrer war der heilige Stefan, dann kamen San Gennaro, San Pasquale und viele andere.

Die ersten Märtyrer wurden von den Löwen gefressen. Die Löwen hatten schon sechs oder sieben Tage lang keine Märtyrer mehr gefressen und waren ausgehungert. Die Märtyrer sind für uns gestorben, deshalb feiern wir sie. Domenico Savio ist mein Lieblingsmärtyrer, er ist ganz jung wie ich gestorben.

Wenn nicht Jesus mit den ersten Märtyrern gekommen wäre, würden wir jetzt alle miteinander gegen Saddam Hussein kämpfen.

Welchen Heiligen liebst du am meisten, und warum? – 1

Heute können wir in die Kirchen rein und raus, daß es eine Pracht ist, aber zur Zeit der Römer durfte man keine Kirchen bauen, und wenn ein Römer sah, wie ein Architekt auch nur eine Sakristei entworfen hat, verfolgte er ihn sofort.

Die Römer verfolgten die Christen mit großem Eifer, aber zuerst warteten sie, bis Jesus gestorben war, weil sie Angst vor seinen Wundern hatten.

Die Verfolgungen hat Tiberius angefangen und die Christen auf den Rost getan und wie Schweine gebraten.

Dann kamen Caligula und Nero. Caligula war verrückt und dumm, Nero war nur verrückt, aber alle beide haben die Christen verhaftet.

Aus Angst vor diesen Kaisern versteckten sich die Christen in den Katakomben, was damals ihre Kirchen waren, wo man betete, beichtete, taufte, aber unter der Erde und ohne Glocken. Wenn eine

Glocke dagewesen wäre, die zur Versammlung läutete, wären auch die Verfolger gekommen.

Am Anfang war der heilige Sebastian ein Römer. Er war ein sehr schöner, sehr starker Soldat mit langen glatten Haaren und einem schlanken Körper. Er war der Liebling von Diokletian, einem anderen verrückten römischen Kaiser, der alle Christen haßte.

Der heilige Sebastian ist eines Tages zum Christentum übergewechselt und Diokletian hat ihn im gleichen Augenblick verurteilt. Sie banden ihn mit Händen und Füßen an eine Palme und schossen mit Pfeilen auf ihn. Aber der heilige Sebastian lächelte froh, weil Gott auf seiner Seite war.

Als Diokletian dies erfuhr, schlug er ihm sofort mit einer Eisenstange auf den Kopf und ließ ihn dann in eine Grube werfen.

In jener Nacht erschien sein Geist einer Frau und sagte ihr, wohin er geworfen worden war. Die Frau lief schnell hin um ihn zu holen und ihn zu waschen und abzutrocknen. Schließlich begrub sie ihn vor der Nase Diokletians in einer christlichen Katakombe.

Welchen Heiligen liebst du am meisten, und warum? – 2

Ich weiß, daß ich jetzt San Gennaro oder Sant'-Agrippino schreiben sollte, weil sie in Neapel oder in Arzano geboren sind. Aber ich bin ja auch in Arzano geboren, was heißt das schon? Ist Rocco vielleicht nicht in Neapel geboren und doch ein Fan vom Inter?

Mir gefällt der Heilige Antonius von Padua, wenns recht ist. Er wurde in Lissabon mit dem Namen Fernando geboren, dann ist er nach Padua gezogen und sie haben ihn heiliger Antonius getauft. Er war ein äußerst wundertätiger Heiliger, und nach Gott, Jesus, der Muttergottes und dem Heiligen Geist kommt gleich er.

Wenn in Padua der Vesuv gewesen wäre, hätte der heilige Antonius den auch löschen können, glaubt ihr das vielleicht nicht?

Den heiligen Antonius liebe ich am meisten, weil er die Gabe der Allgegenwart hatte, das heißt, er konnte im gleichen Augenblick in Padua und in Arzano sein oder auch noch an einem dritten Ort eine Verabredung haben. Und vor allem, weil er dreizehn Gnaden an einem Tag erweisen kann, und die anderen Heiligen nur eine. Ich beanspruche nicht soviele, aber ich möchte gern:

versetzt werden
sechs Richtige im Toto haben
in Padua wohnen
Umberto Bossi tot sehen
Neapel vom Verbrechertum befreien
mir alle Filme von Totò kaufen
meinem Vater einen Ferrari kaufen
meine Schwester Rosetta verheiraten
den Napoli die Meisterschaft gewinnen lassen
direkt ins Paradies kommen, ohne zuerst in den Sarg zu müssen.

Welchen Heiligen liebst du am meisten, und warum? – 3

Das Wort »Taufe« ist ein sehr berühmtes Wort, das in allen Sprachen der Welt »Taufe« heißt, weil es von Johannes dem Täufer kommt.

Johannes der Täufer arbeitete in der Wüste, er taufte die Sünder und wusch sie mit dem Heiligen Geist. Er war in Lumpen gekleidet und fastete vierzig Tage im Monat.

Er taufte einen Fluß »Jordan« und schrie ganz allein in der Wüste, aber keiner hörte ihn; nur wenn ein bißchen Wind ging oder ein Echo da war, verstand man ein bißchen etwas, aber selten. Daher werden wir nie erfahren, warum er soviel geschrien hat.

Als er Jesus begegnete, wäre Johannes vor Aufregung fast in Ohnmacht gefallen, aber Jesus sah ihn mit seinen blauen Augen an, und da bekam er wieder Luft.

Aber leider gab es zu jener Zeit einen bösen König, der hieß Herodes Antikas. Herodes Antikas ließ Johannes verhaften und warf ihn ins Gefängnis, um seiner Frau einen Gefallen zu tun, die sich nicht taufen lassen wollte. Dann kam eine Tänzerin, Salome, die für ihn tanzte und als Geschenk den Kopf Johannes des Täufers verlangte. Herodes wollte ihn ihr zuerst nicht geben, aus Angst, weil er davon träumen würde, dann stellte er sie zufrieden.

Den Kopf legten sie in eine goldene Schüssel, den Körper ließen sie im Gefängnis sitzen.

San Gennaro ist der Schutzheilige von Neapel, was weißt du über diese berühmte Gestalt?

San Gennaro wurde in Neapel geboren, in der Gegend von Benevent. San Gennaro war von klein auf so folgsam seinen Eltern gegenüber und so brav, daß sie ihn schließlich zum Heiligen ernannten.

Er trug einen Hut auf dem Kopf.

San Gennaro hat sich mit Nero nicht vertragen, und wie Nero Rom angezündet hat, hat er den Christen die Schuld gegeben.

Am nächsten Tag schnitten sie San Gennaro den Kopf ab und legten ihn beiseite, das Blut ließen sie in ein Ampüllchen tröpfeln, um es küssen zu lassen.

Das Fest des San Gennaro ist in Neapel. Ich gehe mit meiner ganzen Familie hin, um das Fest zu sehen und das Blut aus dem Schatz des San Gennaro zu küssen.

Einmal aber haben sie meiner Mutter entweder drinnen in der Kirche oder draußen die Tasche geklaut. Und mein Vater hat mit einer Scheißwut gesagt: »San Gennà, ist das vielleicht der Dank dafür, daß wir dich besucht haben?«

Erzähle von Maria Goretti

Die heilige Maria Goretti tut mir so leid. Ihr trauriges Leben war ein einziges Trauerspiel. Maria Goretti war ein schönes und braves kleines Mädchen, sie schrie nie herum und war schüchtern, also wirklich furchtbar schüchtern. Früher, da war es nicht wie heute, daß die Mädchen sich nicht schämen, ihre Pussi zu zeigen (und vor allem die Cuccarini), früher, da war es anders.

Maria Goretti lebte auf dem Lande und stammte aus einer kümmerlichen Familie, aber sie beklagte sich nie, sie sagte nie Scheiße wie wir Mädchen aus der Stadt. Eines bösen Tages geschah es, daß ein Mann, ein junger Kerl aus dem Latium, auf sie losging, um sie zu vergewaltigen. Vergewaltigen bedeutet, mit Gewalt Kinder kriegen lassen. Und je mehr Maria Goretti weinte, desto mehr wollte dieser Schuft sie vergewaltigen, aber er schaffte es nicht, weil Maria Goretti immer so rumzappelte.

Vielleicht wurde sie nur fürs nötigste vergewaltigt. Wie er sah, daß bei ihr nichts Gutes dabei herauskam, erdolchte er sie dann.

Maria Goretti wurde ins Krankenhaus von Nettuno gebracht, aber wenn ich denke, dort ist sogar meine Tante gestorben. Und in der Tat starb sie. Aber bevor sie starb, verzieh sie dem Dreckskerl, der es am Ende bereute und Mönch wurde. Na ja, schön einfach!

Erzähle von Bernadette Soubirous

Bevor Bernadette mit ihren Freundinnen in den Wald von Lourd gegangen ist, hatte man die Unbefleckte Empfängnis noch nie gesehen. Wie die Mädchen da Holz gesammelt haben, quackelten sie viel herum, nur Bernadette schwieg und dann ging sie plötzlich weg ohne sich auch nur zu verabschieden. Vielleicht fühlte sie schon etwas besonderes, komisches in sich.

Ein starker Wind im Kreuz trieb sie in eine Grotte, wo sie plötzlich eine sehr vornehme schöne Dame sah. Diese war groß, ganz in weiß und himmelblau gekleidet und hatte einen Kranz von gelben Sternen um den Kopf. In der rechten Hand hielt sie einen Rosenkranz, in der linken nichts, die hing nur runter. Die Dame sagte nicht, daß sie die Madonna war, sondern verschwand gleich wieder.

Bernadette kapierte anfangs gar nichts, weil sie

die Tochter eines Müllers war, dann kriegte sie langsam einen Verdacht. Wie sie es ihren Eltern erzählte, schimpften die und sagten, das mit der Madonna ist nur eine Ausrede weil du die Schule schwänzen willst. Aber sie ging wieder ins Wäldchen und sah die Dame viele Male.

Eines Tages sagte die Dame schließlich zu ihr: »Erbaue eine Kirche auf diesem Felsen und grabe mit deinen Händen diese Erde aus. Es wird ein Wunderwasser herauskommen, das Wasser von Lourd. Dann laß alle Kranken des Dorfes hierherkommen, auch den Bürgermeister: Ich bin die Unbefleckte Empfängnis.«

Bernadette lief ins Dorf und erzählte es allen, aber keiner glaubte daran, sie sagten daß es eine Spinnerei sei. Nur die Kranken gingen hin und es waren über tausend. Die Blinden taten sich das Wasser auf die Augen, die Tauben in die Ohren, die Verrückten haben sich vielleicht den Kopf damit gewaschen. Und die Madonna erlöste alle, nur der Bürgermeister blieb hart und glaubte immer noch nicht daran, und da ließ Gott die Sonne riesengroß werden und alle sind weggelaufen, und die Sonne wollte den Bürgermeister verfolgen. In dem

Augenblick wurden alle geheilt und auch der Bürgermeister wurde geheilt, obwohl er nichts gehabt hat.

Papst Johannes XXIII. wird bald heiliggesprochen ...

Meiner Oma ist Papst Johannes sehr sympathisch, aber uns haben sie in der Schule nur eine kurze Zusammenfassung vorgelesen und das ist wirklich zu wenig, damit man es beurteilen kann. Er wird ja sehr gut gewesen sein, wenn die Oma es sagt, die immer so streng ist, aber für einen Papst ist es auch sehr leicht, heiliggesprochen zu werden, so wie für einen Hauptmann, General zu werden, das ist sein Beruf.

Ich wüßte eine Menge andere Leute, die ich heilig sprechen würde. Zum Beispiel Totò, der einen so sehr zum Lachen bringt und auch die unglücklichen Kinder glücklich macht. Und dann hat er seine Reichtümer den Armen des Sanità-Viertels gegeben und hat ihnen sogar ein Heim für die Hunde gemacht.

Dann wäre da Maradona. Wenn Maradona nicht Drogen genommen hätte und bei der Weltmeisterschaft nicht gesagt hätte, leckt mich, wenn er seiner Frau nicht Hörner aufgesetzt und jeden Tag träniert hätte, hätte er ein Heiliger werden können.

Weil er soviel für die Armen getan hat: er hat zwanzig Spiele für ganz umsonst gemacht, über tausend leere Schecks unterschrieben, und vor allem hat er die Behinderten der Tribüne glücklich gemacht. Wie er ein Tor geschossen hat, haben die Behinderten ihre Beine in ihren Rollstühlen bewegt und einen Moment lang haben sie geglaubt, auf dem Rasen zu laufen. Und das ist fast wie ein Wunder.

Ganz zu schweigen von Don Riboldi... Don Riboldi ist nie Papst geworden, weil er weiß, daß wenn er von Neapel weggeht, keiner mehr da ist, der es verteidigt.

Er dagegen hat nicht einmal vor Zazo und vor Cutolo Angst. Ja, er ist eines Tages sogar ins Gefängnis gegangen, um dem Cutolo die Beichte abzunehmen und hat ihm sogar die Kommunion gegeben. Wenn Cutolo gewollt hätte, hätte er ihn erwürgen können, weil im Gefängnis ist er der Boss, aber nein, er hat ihm die Hand geküßt und von da an ist er ein bißchen weniger böse geworden. Don Riboldi, hoffe ich, daß er bald stirbt, dann wird er gleich zum Heiligen gemacht.

Heute möchte ich über die Madonna sprechen

Wie ich von Neapel weg bin, hat die Madonna ein weißes Gesicht gehabt, wie ich in Loreto angekommen bin, war es schwarz geworden.

In Montevergine sagen sie, daß sie die notwendigste Madonna haben, am Carmine, daß sie sie haben, an der Madonna dell'Arco*, daß sie sie haben, jeder gibt mordsmäßig an, daß er die wichtigste hat.

Aber ich weiß, wie die richtige Madonna aussieht: ihre Farbe ist weiß, sie hat einen blauen Mantel und ist die Mutter von Jesus, alle anderen sind ungültig.

Die Madonna war mit dem heiligen Josef verheiratet, der am 19. März geboren war, dem Vatertag, und tatsächlich ist er der Vater von Jesus geworden.

* Drei berühmte süditalienische Sanktuarien

Zur Zeit gibt es eine Sängerin, die sich Madonna nennt und sich gar nicht schämt, den Namen der wahren Madonna zu nehmen! Wenn ich die heilige Jungfrau wäre, würde ich für sie nicht Mutter sein wie für alle anderen, sondern für sie würde ich Stiefmutter sein wie bei Aschenputtel.

Sakramente
und kirchliche Feiertage

Was weißt du über die Taufe?

Heute glauben alle Eltern, daß man ein Kind nur zu taufen braucht, dann ist es schon gerettet und kommt ins Paradies.

Aber ich glaube, wenn ich das mal so sagen darf, daß die Taufe gar nichts nützt, sie dient nur dazu, dem Kind einen Namen zu geben.

Zum Beispiel kommt Hitler bloß weil er getauft worden ist noch lange nicht ins Paradies. Selbst wenn er im Bauch seiner Mutter gestorben wäre, wäre er in die Hölle gekommen, weil Gott, der in die Zukunft sieht, schon wußte, wieviel Böses er getan hat.

Oder der Räuber am Kreuz, den hat Jesus ins Paradies geschickt, obwohl er nicht getauft war.

Ich lasse aber meine Kinder trotzdem taufen, weil man kann ja nie wissen.

Was weißt du über das Sakrament der Beichte und über das der Eucharistie?

Die Frauen haben ganz sicher mehr Sünden als die Männer, warum würden sie denn sonst hinter den Löchern beichten gehen? Doch nur, damit man ihre Sünden nicht erfährt.

Die Beichte wäscht uns die Todsünden und die läßlichen Sünden ab und macht uns rein wie die Engel: wenn wir eine Minute nach der Beichte sterben, kommen wir auf dem direkten Weg ins Paradies, wenn wir sterben, während wir beichten, kommen wir ins Fegefeuer.

Dante Alighieri ist der einzige, der an allen drei Stellen gewesen ist, ohne zu beichten.

In der Hostie ist Gott, der sich winzig klein macht, um reinzugehen, und wenn wir die Hostie durchbrechen, kommt das Blut von San Gennaro raus.

Manchmal sage ich Don Cirino nicht alle Sünden, aber dafür gehe ich jeden Tag in die Schule, sogar wenn es regnet.

Hast du schon die Erstkommunion empfangen? Berichte über dieses wunderschöne Sakrament

Ich habe die Erstkommunion schon gehabt, aber wenn ich ehrlich sein soll, hat mir nur der mittlere Teil gefallen, weder das Vorher noch das Nachher, nur die Kommunion.

Vor der Kommunion sind die Gebote, der Katechismus, die Proben in der Kirche: etwas zuviel für ein Kind! Das Fräulein von der katholischen Vereinigung, die sie uns lehrt, ist klein und unsympathisch, deshalb hat sie nie einer vergewaltigt. Einmal hat sie mich sogar zum Weinen gebracht.

Padre Giacinto ist lieb zu uns, aber der Mesner nicht. Der glaubt, nur weil er die Glocken läutet, ist er Andreotti und am liebsten würde ich zu ihm sagen: »Don Luigi, Ihr seid eine absolute Null!«

Für mich ist der schönste Augenblick die Kommunion gewesen, wie Jesus in mein Herz gekommen ist: in dem Moment habe ich alle Leute gern gehabt (außer Don Luigi).

Was weißt du über das Sakrament der Ehe?

Die Ehe ist ein äußerst wichtiges Sakrament, weil es zeigt, daß der Mensch sehr viel ernsthafter ist als die Tiere. Die Tiere nämlich essen, trinken und schlafen, aber sie heiraten nie. Ihre Familie ist keine richtige Familie, sie kümmern sich um gar nichts. Ein Löwe zum Beispiel steht gleich nach seiner Geburt auf und läuft einfach weg in den Wald und kümmert sich um seine eigenen Angelegenheiten und keiner aus der Familie hält ihn auf oder schreit ihn an. Ein Menschenkind dagegen braucht bevor es läuft die Hilfe von Mama und Papa, sonst bleibt es immer liegen. Aus dem Grund hat Jesus die Ehe erfunden.

Manche Männer verlieben sich in andere Männer, auch wenn sie die nicht heiraten können. Sie heißen »Homosexuelle«. Viele Junge heiraten sofort, weil sie Kinder wollen. Wenn sie eines oder zwei kriegen, sind sie glücklich, wenn sie fünf oder sechs kriegen, streiten sie herum, wer es gewesen ist.

Wenn man sich in einer Familie nie zankt, will auch der Sohn früh heiraten aber wenn man sich jeden Tag zankt, wie soll er dann? Meinen Vater haben sie gezwungen, bei der Hochzeit von Lucia den Trauzeugen zu spielen; um zwei Goldringe zu kaufen, hat er sich völlig ruiniert.

Ich habe die besten Absichten, früh zu heiraten, nur möchte ich nicht, daß es die Leute aus der Gasse erfahren.

Was weißt du über die heilige Messe?

Sonntags nimmt mich mein Vater zur Messe mit und wenn dann die Damen Hosianna singen, glaube ich, daß ich da tausend Jahre lang nicht mehr rauskomme. Die kreischen pausenlos Hosianna, Hosianna, und keiner kann sie bremsen, nicht einmal der oberste Polizeichef.

Der Pfarrer von um halb elf sagt enorme, hochwichtige Worte, aber wer soll die kapieren, diese Worte?

Die Messe hat uns Jesus in seiner Erinnerung hinterlassen, und wenn wir in die Kirche eintreten, treten wir in sein Haus ein und davor soll man Achtung haben. Aber in Pompei dauert es nicht mehr lang, dann sind die Verkaufsstände auch noch in der Kirche drin.

Die schönen Seiten der Messe sind:

– daß da alle Lichter brennen,

– daß da alle duftenden Blumen sind,

– daß wenn einer jeden Sonntag in die Messe geht, er ins Paradies kommt.

Die schlechten Seiten der Messe sind:

– daß man zu lange auf den Knien sein muß,
– daß es an Ostern zu lange dauert,
– daß du mit dem Nachbarn das Friedenszeichen austauschen mußt, den du vielleicht gar nicht leiden kannst,
– daß wenn du nicht tausend Lire in das Körbchen tust, Signorina Rosetta dich schief anguckt.

Weihnachten steht vor der Tür ... – 1

Wenn Weihnachten vor der Tür steht, kann man schon mal damit anfangen, daß man nur jeden zweiten Tag in die Schule geht. Die Lehrerinnen sind immer mords darauf aus, daß sie die schönste Krippe oder den schönsten Baum machen. Aber im Klassenzimmer, weil wenn sie es im Gang machen, werden sofort alle Kugeln geklaut.

Ich habe letztes Jahr einen gelben Goldfaden gebracht und ihn nicht mehr gefunden, aber ich weiß, wer es gewesen ist, gell, Pasquà?

Wenn Weihnachten vor der Tür steht, ist unser Herz besser, wir müssen denen helfen, denen es schlechter geht: den Alten, den armen Kindern, den Unglücklichen, die in den Blechkästen leben.

Und habt ihr schon mal darüber nachgedacht, daß die schwarzen Straßenhändler gezwungen sind, an Weihnachten, Sternchen zu verkaufen, wo sie doch an Mohammed glauben?

Weihnachten steht vor der Tür ... – 2

In Chiaiano ist es nicht wie in Niu Jorg, wo wenn es Weihnachten wird, sie die ganze Stadt beleuchten, in Chiaiano ist es schon viel, wenn sie ein paar Glühbirnchen anmachen. Ich erinnere mich, daß da letztes Jahr ein grünes war, das sich immer anzündete und ausging, anzündete und ausging, aber nicht weil ein Unterbrecher drin war, sondern weil es kurz vorm Durchbrennen war.

Für einen winzigen Weihnachtsbaum verlangen sie hunderttausend Lire. Ja, ist der denn aus Gold? Statt daß sie uns an Weihnachten ein bißchen sparen helfen, sind die Geschäfte so knickrich, daß sie die Preise höher machen. Wenn man nach Neapel geht, lassen sie einen nicht mal rein, so voll ist es da. Die vom Upim* kaufen die Kugeln vom Standa* und verkaufen sie zum doppelten Preis, diese Räuber!

* Kaufhäuser (A. d. Ü.)

Von der Befana* ganz zu schweigen. Wenn ein armer Vater aus Chiaiano wegen der Befana nach Neapel geht, sehen die gleich, daß der aus Chiaiano ist und bescheißen ihn. Und verkaufen ihm den Aal, der schon tot ist.

Das beste an Weihnachten ist noch, daß man nicht in die Schule muß.

* Hl. drei Könige, Fest, zu dem Kinder traditionell Geschenke bekommen (A. d. Ü.)

Weihnachten steht vor der Tür . . . – 3

Statt wenn Weihnachten kommt, dran zu denken, daß Jesus geboren ist, denkt der Rest der Welt nur dran, was er essen soll, was er trinken soll und was er verschießen soll. Daheim bei einer Familie neben uns, die Familie Esposito heißt, schicken sie den Sohn, der erst sechs Jahre alt ist, ganz allein in die Schule, um nicht das Geld für den Schulbus auszugeben.

Aber wenn dann die Feiertage kommen, geben sie zweihundert- oder vierhunderttausend Lire für die bengalischen, die kombinierten und die Wunderkerzen aus.

Und ich glaube, daß sie sich an Weihnachten noch nicht einmal bekreuzigen, wenn sie sich an den Tisch setzen.

Ich rede von denen, aber auch meine Familie . . . Mir wollten sie die Enzyklopädie nicht kaufen und haben mich sogar angeschrien, weil ich die Bestellkarte abgeschickt hatte, aber dann am Heiligen Abend und an Weihnachten platzt der Schrank vor lauter Coop-Schachteln.

Welchen christlichen Feiertag magst du am liebsten?

Der christliche Feiertag, der mir am liebsten ist, ist Ostern. Ostern erinnert uns an den Aufstieg Christi in den Himmel. Christus war in einer Grotte begraben (aber nicht die, in der er geboren ist, eine viel weiter weg) und zwei oder drei römische Soldaten hielten Wache. Eines schönen Moments bewegt sich der Stein und Christus ist auferstanden und erscheint bolzengerade vor ihnen.

Wie die Wachen ihn sahen, kriegten sie gleich zwei Infarkte.

An Ostern stehen so viele Leute bei Padre Gerardo zum Beichten Schlange, daß man denkt, es ist die Kasse vom Mini Market California.

Einmal hat eine Alte laut geredet und ich habe zwei läßliche Sünden gehört, aber ich habe sie keinem gesagt.

An Ostern ist unser Vater endlich bei uns und er segnet uns am Tisch mit dem Palmwedel, und auch ich segne den einen oder andern Elternteil und meinen Bruder. Das Weihwasser haben wir noch vom letzten Jahr, es ist in der Madonna von Lurd.

Das Osterbriefchen lese ich vor oder ich singe es. Bei Tisch essen wir Aufschnitt, Spaghetti mit Oliven und Kapern, Hühnchen, Tortano* und Pastiera**. Die Pastiera ist *mein ein und alles*. Die macht uns Tante Maria, deshalb laden wir sie ein.

Ostern lehrt uns, daß es noch ein anderes Leben nach diesem gibt.

Wenn ich denke, daß ich auferstehe, ist mir der Tod ganz wurscht!

* Kranzförmiges Brot, das mit Provolone, Salami, gekochten Eiern, Parmesan und Grieben gefüllt wird.

** Typischer Osterkuchen

Weltliches Zwischenspiel

Was weißt du über die Situation der Frau?

Die Frauen, die Ärmsten, sind nie geschätzt worden.

Zur Zeit der Ägypter waren die Frauen entweder Priesterinnen oder Modelle für die Pyramiden. Der Maler einer Pyramide ließ sie hereinkommen, setzte sie von der Seite hin, mit den Füßen von der Seite und den hochgehobenen Händen von der Seite. Wenn er dann fertig war, ging er weg und ließ sie vielleicht immer noch von der Seite weiter dasitzen.

Nachdem sie Römerinnen geworden waren, kämmten die Frauen die Mütter oder sie kochten Essen. Wenn ein reicher Fürst ins Haus kam und sich auf dem Lager ausstreckte, mußten sie tanzen und Spagat machen. In mittelalterlichen Zeiten trugen sie einen hohen Hut wie eine spitze Tüte auf dem Kopf und einen Keuschheitsgürtel mit Schlüssel. Wenn man diesen Schlüssel aufmachte, waren die mittelalterlichen Frauen genau wie die von heute.

Um achtzehnhundert spielten die Frauen nur Geige, um neunzehnhundert warteten sie auf den Mann, der aus dem Krieg zurückkam. Wenn zwei oder drei Monate vergingen und er noch nicht da war, warteten sie nicht mehr und nahmen sich einen anderen.

Auch die modernen Frauen zählen obwohl sie modern sind nichts. Zum Beispiel: warum gibt es in dieser Klasse zwanzig Buben und nur zwei Mädchen? Dann soll man doch gleich *der* Schule sagen und nicht *die* Schule!

Es gibt so viel Ungerechtigkeit auf der Welt; warum, glaubst du, läßt Gott dies zu?

In Indien gibt es viele Kühe. Aber man schlachtet sie nicht, weil man sagt, daß sie heilig sind, und in der Zwischenzeit sterben die indischen Kinder vor Hunger. Wenn ich der Besitzer einer indischen Kuh wäre, würde ich sie sofort zum Schlachten bringen und die so gewonnenen Stücke hinter dem Rücken der höchsten Priester den hungrigen Kindern geben.

Busch spielt sich als Boss auf, weil er viele Dollar hat und macht Krieg mit Irak, weil er behauptet, daß er Kuhwait helfen will, aber er hat kein Mitleid mit den Negern, und es ist alles gelogen. In Italien schicken sie dich, wenn du Soldat wirst, nach Sardinien, um dich dafür zu strafen, daß du in Neapel geboren bist.

Jeden Tag stirbt in der dritten Welt eine Million, weil sie Hunger haben. Die dritte Welt hat den Bauch voller Luft und Gas, und die erste und die zweite Welt haben den Bauch voller Spaghetti, Fleisch, Klopsen, Bratfisch und Soße.

Wenn der dritte Weltkrieg ausbricht, bricht er aus, weil die dritte Welt ihn ausbrechen läßt, deshalb heißt sie dritte. Und recht hat sie! Wenn er ausbricht, kämpfe ich mit den dritten.

Was weißt du über Romulus und Remus?

Bevor Romulus und Remus geboren sind, war von Rom noch überhaupt nichts da. Es gab nur das Land, den Tiber und Leute, die nichts damit zu tun hatten.

Plötzlich hat eine gewisse Rea Silvia einen Sohn gekriegt. Sie hat ihn hinter dem Rücken aller mit ihrem Onkel Mars gemacht. Anfangs war es nur einer, und sie nannten ihn Romulus, aber dann kam noch ein anderer aus dem Bauch, und sie nannten ihn Remus. Aber Rea Silvia war eine Priesterin und konnte keine Kinder gebären, schon gar nicht ein Paar. Da hat ein Sklave Romulus und Remus nachts genommen und in einem Korb auf den Tiber getan, vielleicht weil er von Moses gehört hatte.

Das Körbchen blieb auf einem Strand liegen, und eine Wölfin, die dort wohnte und vielleicht keine Kinder bekommen konnte, adoptierte Romulus und Remus und säugte sie. Vielleicht haben Romulus und Remus anfangs ein bißchen wie der Wolfsmensch ausgesehen.

Als die Zwillinge groß wurden, beschlossen sie, daß jeder sich um seinen eigenen Scheiß kümmern sollte.

Romulus zeichnete mit Kreide eine Linie auf den Boden, und keiner durfte die überschreiten, nicht einmal Remus. Aber Remus tat aus Trotz einen ganzen Fuß drüber, und Romulus wurde furchtbar wütend und tötete ihn.

Von dem Augenblick an war er der einzige Zwilling Italiens. Dann wischte er den Strich weg und baute an seiner Stelle eine Stadt und gab ihr seinen Namen, aber ein bißchen anders, weil alle italienischen Städte weiblich sind.

Dann rief er die Bauern aus der Gegend und sagte zu ihnen, ob sie Römer werden wollten, und die sagten ja. Aber es waren alles Männer, und sie haben auch Frauen gebraucht, weil man ohne Frauen keine Römer machen konnte. Da haben sie ihre Nachbarn angegriffen und alle Sabrinerinnen geraubt.

Sie raubten sie nachts, weil man die Kinder

nachts macht. Die Sabrinerinnen stellten sofort viele Römer her und seither gibt es immer neue.

Als Rom von den Barbaren besiegt wurde, hat das auch den Lazio-Fans leid getan.

Theologische und moralische Probleme

Wer ist Gott? Und der Teufel? – 1

Gott ist ein Gekreuzigter, der die Miezchen, die Hündchen, die Eichhörnchen und von mir aus auch die Schule geschaffen hat. Er ist edel, ein Gigant, dem keiner zu nahe treten darf. Er ist in der Hostie vom Padre Vincenzo drinnen.

Der Teufel ist eine Person, die um jeden Preis das Böse will, er ist nicht wie Gott, sondern viel schlechter.

Der Teufel ist ein verfluchtes Schwein, wie man kein zweites findet, das ist er nämlich.

Wer ist Gott? Und der Teufel? – 2

Gott ist der Direktor der Schöpfung und hat die Welt, das Meer, die Sterne, die Blumen auf der Erde gemacht, er lebt im Himmel wie ein großer Herr und hat noch nie eine Krankheit gehabt.

Er ist der Ewige Vater aller Menschen und hilft auch denen, die es nicht brauchen.

Der Teufel ist ein Mistkerl, ein Dreckschwein, er hat noch nie was Gutes gemacht und bis jetzt immer nur alle enttäuscht. Er sagt immer nur Ausdrücke, und was für welche.

Der Teufel trägt einen roten und gelben Anzug, ist Besitzer von zwei roten Hörnern, und sein Schwanz endet wie die indianischen Pfeile.

Wer ist Gott? Und der Teufel? – 3

Gott ist einer, der Wunder getan hat, damit er berühmt wurde.

Er ist die erste Person der zehn Gebote und trägt alle Schlechtigkeiten der Welt auf seinen Schultern. Und der Teufel erfindet immer nur neue, statt daß er ihm mal hilft. Armer Gott!

Die Teufel sind ein Haufen von Sauhunden, die uns unbedingt Böses antun wollen, sie sind es, die unter der Führung des Satans den Krieg ausbrechen lassen, den Tod, den Norden gegen den Süden, die Ligen.

Aber wer erlaubt ihm das eigentlich?

Wie stellst du dir das Paradies und die Hölle vor?

Das Paradies stelle ich mir wie eine riesige himmelblaue Wolke vor, mit Jesus und der Madonna drauf, roten Rosen, die aufblühen und Engeln, die rumfliegen und singen. Und da erscheint Gott, und alle sind gezwungen, gut zu werden.

Die Hölle ist ein schwarzes Loch voll mit Feuer und Insekten, Spinnen, Schlangen, Mäusen und Fledermäusen. Der Teufel wohnt ganz unten und knurrt.

Es ist kein einziges Kind da, dafür aber alle Verbrecher aus der Gegend, die Mörder, die Drogenhändler, die Geizigen und mein Hausbesitzer. Auch Hitler ist da, Caligula, der Pharao von Ägypten (Garibaldi nicht, denn der war gut) und die Damen vom *Colpo Grosso**. Und alle miteinander weinen von morgens bis abends.

* Äußerst freizügige Fernsehsendung (A. d. Ü.)

Wie stellst du dir die Hölle und das Fegefeuer vor?

Die Hölle stelle ich mir als einen Ort vor, wo man nur Dialekt spricht.

Das Fegefeuer stelle ich mir als einen sehr unangenehmen Ort vor, wo sehr viel über die Hölle rumgemunkelt wird.

Dem Fegefeuer und der Hölle ziehe ich das Paradies vor.

»Speiset die Armen.«
Meinst du, daß dieses Gebot heute eingehalten wird? – 1

In Afrika und in Indien gibt es viel mehr Tote als Geborene, wegen dem Hunger auf der Welt.

In Afrika und in Indien spazieren sie einer ärmer als der andere auf den Straßen rum, aber wenn sie eine Kuh vorbeikommen sehen, dann bekreuzigen sie sich, statt sie zu essen, weil sie glauben, daß sie Gott ist. Und so schnüren sie den Gürtel enger, aber niemand gibt ihnen nie etwas.

In Arzano haben wir mehr Herz als alle anderen, und sogar wenn uns der Bauch knurrt geben wir, wenn die Damen vor die Tür kommen, mehr Geld für die Armen, als Amerika und Rußland zusammen.

Warum helfen diese Heuchler nicht den Völkern, die vor Hunger sterben, statt die Sternenkriege vorzubereiten?

»Speiset die Armen.«
Meinst du, daß dieses Gebot heute eingehalten wird? – 2

Die Frau Doktor Tirone*, diese schamlose Sau, kommt mit ihrer Abmagerungskur daher, wo sie doch in Afrika am Hunger verrecken.

* Bekannte neapolitanische Ernährungswissenschaftlerin

Warum darf man Tiere nicht mißhandeln?

Einmal haben in meiner Nähe zwei gemeine Kerle die Schwänze von zwei Köterchen so miteinander verwickelt, daß diese Ärmsten nicht mehr auseinander konnten. Es gibt Leute, die die herumstreunenden Hunde fangen, um Experimente zu machen, und den Löwen geben sie Drogen, damit sie im Zirkus Faxen machen.

Im Zoo von Neapel sind zwei Löwen, die sind nur noch Haut und Knochen, und drei Affen, einer hat meinem Onkel ins Gesicht gespuckt. Es war ein sehr großer Affe mit einem roten Bauch.

Meiner Meinung nach ist es nicht richtig, die Tiere wie Bestien zu behandeln, die Vögel in Käfige zu tun, die Esel zu schlagen und die Schildkröten auf den Rücken zu legen. Denn mir gefallen alle Tiere der Welt. Nur die Schaben nicht, wenn ich die bloß sehe, ekelt es mich.

Wir alle müssen diese Erde
eines Tages verlassen ...

Mein Opa ist gestorben, wie er mitten im Bett saß. Er war im Schlafanzug und fünfundsiebzig Jahre alt, wie er gestorben ist.

Ich weiß nicht, ob er ins Paradies oder in die Hölle kommt, ich glaube, ins Paradies, weil er ja schon im Krieg war, schon in Neapel geboren ist und schon mit meinem Onkel gearbeitet hat.

Die einzige Sünde von meinem Opa war, daß er immer auf die Straße gespuckt hat und die Afrikaner ziemlich gefressen hatte. Meine Tante, die eine alte Heulsuse ist, sagt, daß der Tod der Lohn für ein Leben voller Schmerzen ist, aber da wir alle ein bißchen Hosenscheißer sind, haben wir trotzdem Angst.

Man kann entweder gleich oder immer ein bißchen mehr sterben, ich hoffe für mich, immer ein bißchen mehr, dann kann ich mich daran gewöhnen.

Wenn du Gelegenheit hättest,
mit dem Papst zu reden,
was würdest du ihn fragen?

Wie ich mal mit meinem Vater in Rom war, bin ich ganz nahe beim Papst gewesen. Ich bin bis zu den Schweizer Garden gekommen, weiter ging es nicht.

Bei den Schweizer Garden wußte ich nicht so genau, ob die echt oder falsch waren, weil sie so unbeweglich dagestanden sind, und ihr Anzug sah aus wie der Schlafanzug von einem König.

Die Schweizer Garden lächeln auch.

Hinter den Schweizer Garden wohnt der Papst. Der Papst ist der Direktor der Kirche und kommt gleich nach Gott, den Heiligen und den Engeln. Der moderne Papst heißt Papst Johannes Paul II., und bevor er Papst in Rom wurde, war er Pole.

Wenn ich mit ihm reden könnte, würde ich ihm alle meine Gedanken sagen und zwar:

– warum er nie mit sich reden läßt, wo doch Jesus mit allen gesprochen hat,

– warum, wenn der heilige Franziskus ganz arm gewesen ist, er ganz reich ist,

– warum er immer zum gleichen Balkon rausguckt,

– ob er ein Fan von Italien oder von Polen ist.

Dann würde ich auch noch gern wissen, wer ihm eigentlich die Beichte abnimmt.

Was ist die Seele?

Was die Seele ist, kann man nicht sagen, weil man sie nicht sieht. Die Seele ist das, was jeder glaubt, daß sie ist. Die alten Ägypter zum Beispiel glaubten, daß die Seele einen Menschenkopf und einen Vogelkörper hatte. Sie kam aus dem Mund des Lebendigen in dem Moment heraus, in dem er sich in einen Toten verwandelte. Sie war unsichtbar, und niemand konnte sie fangen oder fotografieren. Aber woher haben sie dann eigentlich gewußt, daß sie Federn hatte?

Die alten Griechen dagegen glaubten an die Wiedergeburt: dies bedeutet, daß die Seele eines Toten gerade in dem Augenblick in den Körper eines Lebendigen reingeht, wenn der geboren wird. Aber wenn dieser Lebendige schon seine eigene Seele hat, was machen sie dann? Zwei Seelen in einem Körper? Was für ein Quatsch, diese Griechen!

Mein Onkel glaubt an gar keine Seele, vielleicht

weil sie ihn so spät getauft haben. Aber wie ihm mal zwei Zeugen Jehovas auf der Straße begegnet sind und ihn gefragt haben: »Aber Christus, was hat der für Sie getan?« da hat er fuchsteufelswild geantwortet: »Das ist mein Scheiß, kümmert euch um euer eignes Seelenheil!«

Warum ist das Gebet so wichtig? – 1

Der Teufel ist der Vater des Heroins.

Er ist eine schadhafte rote Schlange, hoch schlau und sieht keinem ins Gesicht, wenn er einen in Versuchung führen will. Er hat sogar Jesus in der Wüste in Versuchung geführt. Was ich bloß nicht verstehe, ist, warum Jesus ihm nicht gleich einen Tritt in den Hintern gegeben und ihn vom Gebirge runtergeschmissen hat.

Der Teufel hört nie damit auf, die Menschen in Versuchung zu führen. Der Teufel ist an allen Übeln meiner Stadt schuld. Wenn meine Stadt jeden Morgen zum Beten in die Kirche gehen würde, würden wir nicht so im Dreck stecken.

Wenn die von der Mafia gehen, um einen umzubringen, beten sie daheim vorher zum Satan.

Warum ist das Gebet so wichtig? – 2

Bevor ich zum Schlafen in mein Stockbett gehe, sage ich jeden Abend mein Reuegebet.

Mein Gott, ich bereue und lege von ganzem Herzen meine Sünden ab, weil ich betend deine Strafe verdient habe und vielmehr gegen euch gesündigt, der ihr unendlich gut und würdig, mehr als alles andere geliebt zu werden, ich schlage mit deiner heiligen Hilfe vor, nicht mehr gegen dich zu sündigen, die nächsten Gelegenheiten zur Sünde zu meiden, Herr, sag du, Erbarmen.

Wie könnte man der Welt helfen?

Um der Welt zu helfen, habe ich sehr viele Ideen, wenn der Herr nur auf mich hören würde.

Als erstes würde ich mich um Neapel kümmern, denn es hängt uns wirklich zum Hals raus, wie es zugerichtet ist, vor allem Chiaiano, wo ich wohne. Ich würde zum Herrn sagen: »Bitte, sieh dir das doch mal an, wie es hier zugeht und faß da mal rein.« Dann würde ich zu ihm sagen, ich meine zum Herrn, er soll alle Camorristen verjagen, vor allem die die töten und nachts mit der Spreidose in die Häuser kommen und spritzen, daß wir dann einschlafen. Wie es meinem Vetter passiert ist, wo sie alles aus dem Glasschrank genommen haben, und zum Glück hat er das Hauptgeld in dem Versteck gehabt, das nur wir kennen. Und dann würde ich auch noch drum bitten, daß nicht immer so ein Wahnsinnsverkehr wäre, vor allem samstags und sonntags.

Für meine Schule hätte ich gern einen Spielplatz und eine Turnhalle und etwas mehr Anstand. Und ich möchte eine Sammlung für die armen Kinder auf der Welt machen, aber das Geld würde ich nicht Cossiga geben und auch nicht dem Papst, der es bestimmt Polen geben würde, ich würde es dem Pfarrer von Chiaiano geben, der bestimmt unseren eigenen Armen helfen würde.

Beschreibe kurz die Religionen der Antike

Vor einer Million Jahren hat keiner dran geglaubt, daß Jesus der Sohn Gottes war, sie glaubten ans Feuer, an den Wind, an den Regen, an alle vorgeschichtlichen Schauspiele. Im Laufe der Zeit wurden die intelligentesten Völker Teil der ersten Kulturen, und die anderen haben zugeguckt.

Das erste Volk waren die Ägypter. Die Ägypter beteten viele Tiere an: die Katze, die Maus, den Hund, das Krokodil usw. Sie stopften die Toten mit Sägemehl aus, wickelten sie fest ein und nannten sie »Mumien«.

Aber wenn die Mumie dann ihren Göttern begegnet ist, wie konnte sie da auf die Fragen antworten, wenn ihre Zunge zugebunden war? Hat sie genickt und den Kopf geschüttelt?

Die alten Römer waren nicht intelligent wie heute. Heute glauben sie an den italienischen Gott, aber früher glaubten sie an die der Griechen, die für jeden einen Gott hatten, also wirklich für jeden. Wie Bacchus für die Betrunkenen, Merkur für die Diebe und Venus für die Nutten usw., die dann später Planeten geworden sind.

Wenn wir einen Moslem sehen, sollen wir nicht gleich lachen. Weil der einzige, der wirklich existiert hat der Mohammed gewesen ist. Wenn Mohammed nicht so verspätet geboren wäre, wäre er jetzt unser Gott. Er hat viele richtige Dinge gesagt, wie daß man sich gegenseitig lieben muß und zu allen Beerdigungen gehen, denen man begegnet. Sein einziger Fehler war, daß er das Maul ein bißchen zu weit aufgerissen hat und sich die Haare und die Augen wie ein Mädchen gefärbt hat.

Aber nur unser Gott ist echt. Er ist ja auch früher als alle anderen geboren!

Was weißt du über den Buddhismus, den Islam und den Konfuzianismus?

Beginnen wir mit dem Buddhismus, der wirklich der blödeste ist.

Der Buddhismus stellt einen Buddha mit einem Bauch dar, der schlimmer ist als der von Paolo Villaggio und statt daß sie kapieren, daß Gott nicht einen so fetten Bauch haben kann, glauben sie an ihn und beten ihn sogar an.

Die Mönche des Buddhismus haben alle einen rasierten Kopf, was wir einen Kahlschlag nennen, und heißen Bonzen, was aber nicht so ein schlimmes Wort ist.

Der Buddhismus ist schuld, daß man in Indien die Kühe nicht ißt, die für sie unsere Heiligen sind, und die Kinder sind wegen diesen Heiligen ganz ganz dürr.

Das einzig Gute an Indien ist, daß dort alle arm sind, da haben sie wenigstens nicht soviele Gangster wie bei uns.

Und Mohammed ist auch so einer! Wegen ihm brechen immer die Kriege im Golf aus, sie haben sogar die Kreuzzüge gegen uns gemacht! Die Frauen sehen keinem ins Gesicht wegen den Schleiern, man sagt, daß sie unrein sind, naja eben das Gegenteil von den indischen Kühen.

Für jeden getöteten Christen geht ein Mohammedaner ins Paradies. Sie sind schuld, wenn früher oder später der Weltkrieg ausbricht. Und wie sie auch noch das Maul aufreißen, bloß weil sie das Erdöl haben, diese frechen Kerle!

Der einzige, der nach uns noch irgendwie durchgeht, ist logisch der Konfuzianismus. Der oberste des Konfuzianismus war Konfusius. Konfusius sagte wunderschöne Sätze, die wir ins Heft geschrieben haben: »Gibt es ein Heilmittel, warum zürnest zu? Gibt es kein Heilmittel, warum zürnest du?«

Nur schade, daß Konfusius zu chinesisch war.

Fluchen ist eine schwere Sünde.
Wenn du jemanden fluchen hörtest,
wie würdest du dich verhalten?

Um es gleich von vornherein zu sagen, in meiner Gasse fluchen alle. Auch in dieser Klasse fluchen sie, von der 4b ganz zu schweigen! Beim Biliard fluchen sie wie die Türken wegen den Punkten. Don Mario läßt seinen Piephahn raushängen.

Ich habe in meinem ganzen Leben noch nie geflucht, nur ein paar Ausdrücke. Don Mario flucht bloß deshalb nicht, weil er stottert, aber wenn der nicht stottern würde, meine Fresse, wie der fluchen würde!

Er pussiert auch rum, und wenn die Luisella vorbeigeht, kriegt er einen Steifen.

Ich würde die die fluchen ja auch anschreien, aber ich habe Angst, daß sie mich schlagen.

Was ist für dich ein Skandal?

Ein Skandal ist, vor Kindern eklige Sachen in Fleisch und Blut oder im Fernsehen zu machen.

Einen Skandal in Fleisch und Blut habe ich noch nie gesehen, aber ich sehe sie oft im Fernsehen. Zum Beispiel Striscia la Notizia, wo diese Krankenschwester sowohl oben wie unten den ganzen Laden draußen hat. Und diese runden Dinger sind wirklich ein Skandal. In Crem Caramel ist die künstliche Frau eine Tunte und von Colpo Grosso ganz zu schweigen: da überblickt man die ganze, wirklich die ganze Situation.

Ich sehe diese Sendungen nie an, das schwöre ich, aber wenn man mit der Fernbedienung rummacht, kann man immer ein paar Schweinereien mitkriegen.

Wie beurteilst du die Rolle des Priesters?

(Verstreute Gedanken)

Ich für mich glaube, daß es gar nichts Besseres auf der Welt gibt, als Priester zu werden.

Du ißt, trinkst, schläfst, kaufst keine Kleider, hast keine Frau am Hals, keine Kinder, keine Verwandten, zahlst keine Miete.

Und am Schluß kommst du auch noch ins Paradies.

Ich habe mal einen Priester gekannt. Zuerst war er anständig.

Er hielt jeden Tag Messe, verteilte die Kommunion.

Aber dann eines schönen Tages hat er sich verlobt, und da hat jeder gesagt, was für eine Enttäuschung!

Die Priester sind komische Mannsbilder.

Die Priester fangen so an, dann machen sie Karriere, und am Schluß werden sie Päpste.

Bevor ich sterbe, werde ich Priester, so rette ich meine Seele.

Inhalt

Das Neue Testament

Aufsätze und Briefe italienischer Kinder im Diogenes Verlag

»Das sind Texte, die vordergründig meist zum Lachen reizen, dann aber nachdenklich machen und unter die Haut gehen. Abgesehen von ein paar italienischen Besonderheiten sind es auch die Probleme und Ansichten unserer Kinder, die in den Briefen stehen, unverhüllt, ungeschminkt und nüchtern. Wer Kinder mag und mehr über sie wissen will, findet in diesen Texten mehr Wahrheiten, als ihm vielleicht lieb ist.«
Deutschlandfunk, Köln

In Afrika ist immer August
Sechzig Schulaufsätze neapolitanischer Kinder
Herausgegeben von Marcello D'Orta
Mit einem Nachwort von Luciano De Crescenzo
Aus dem Italienischen von Linde Birk

Gott hat uns alle gratis erschaffen
Neue Schulaufsätze neapolitanischer Kinder
Herausgegeben von Marcello D'Orta
Aus dem Italienischen von Linde Birk

Stiefmütter kriegen keine Kinder
Neue Schulaufsätze neapolitanischer Kinder über Liebe und Sex. Herausgegeben von Marcello D'Orta
Aus dem Italienischen von Linde Birk

Lieber Weihnachtsmann, bitte nicht wie letztes Jahr!
Hundert Briefe italienischer Kinder
Zusammengestellt von Frederica Lamberti Zanardi und Brunella Schisa. Aus dem Italienischen von Linde Birk

Weihnachtsmann, mach du das mal
Neue Briefe italienischer Kinder
Zusammengestellt von Frederica Lamberti Zanardi und Brunella Schisa. Aus dem Italienischen von Linde Birk